税收学原理与中国税制分析研究

白 鸥 著

中国商务出版社
CHINA COMMERCE AND TRADE PRESS

图书在版编目（CIP）数据

税收学原理与中国税制分析研究 / 白鸥著． --北京：中国商务出版社，2022.12
ISBN 978-7-5103-4573-9

Ⅰ. ①税… Ⅱ. ①白… Ⅲ. ①税收制度—研究—中国 Ⅳ. ①F812.422

中国版本图书馆CIP数据核字（2022）第 228828 号

税收学原理与中国税制分析研究
SHUISHOUXUE YUANLI YU ZHONGGUO SHUIZHI FENXI YANJIU

白　鸥　著

出　　版：	中国商务出版社		
地　　址：	北京市东城区安外东后巷28号	邮　编：	100710
责任部门：	教育事业部（010-64283818）		
责任编辑：	丁海春		
直销客服：	010-64283818		
总 发 行：	中国商务出版社发行部（010-64208388　64515150）		
网购零售：	中国商务出版社淘宝店（010-64286917）		
网　　址：	http://www.cctpress.com		
网　　店：	https://shop162373850.taobao.com		
邮　　箱：	347675974@qq.com		
印　　刷：	天津雅泽印刷有限公司		
开　　本：	710毫米×1000毫米　1/16		
印　　张：	12	字　数：	210千字
版　　次：	2023年2月第1版	印　次：	2023年2月第1次印刷
书　　号：	ISBN 978-7-5103-4573-9		
定　　价：	60.00元		

凡所购本版图书如有印装质量问题，请与本社印制部联系（电话：010-64248236）

版权所有 盗版必究（盗版侵权举报可发邮件到本社邮箱：cctp@cctpress.com）

目 录

第一章 税收概论 ·· 1
第一节 税收的产生与发展 ·· 1
第二节 税收的概念及根据 ·· 7
第三节 税收的职能与作用 ·· 17

第二章 税收的效应 ··· 24
第一节 税收微观经济效应 ·· 24
第二节 税收宏观经济效应 ·· 30

第三章 税收的原则 ··· 44
第一节 税收原则理论的发展脉络 ··· 44
第二节 税收财政原则 ·· 51
第三节 税收公平原则 ·· 55
第四节 税收效率原则 ·· 62

第四章 税收负担的分配、转嫁与归宿 ··· 67
第一节 税收负担概述 ·· 67
第二节 税收负担的分配 ·· 74
第三节 税收负担的转嫁与归宿 ··· 78
第四节 税负转嫁与归宿的影响因素 ·· 83

第五章 税种设置与税制结构 ··· 90
第一节 税种设置与税种分类 ·· 90

第二节	税种制度要素	96
第三节	税制结构	101

第六章 中国现行税制体系 ································ 106
  第一节 新中国成立以来税制的形成与变迁 ············· 106
  第二节 中国现行税制体系 ································ 114

第七章 中国现行税种分析 ································ 116
  第一节 商品税 ··· 116
  第二节 所得税 ··· 129
  第三节 财产税 ··· 143
  第四节 其他税 ··· 146

第八章 纳税程序与税收管理 ······························ 150
  第一节 税务登记 ·· 150
  第二节 账簿及凭证管理 ·································· 156
  第三节 纳税申报 ·· 159
  第四节 税款征收与缴纳 ·································· 164
  第五节 税务检查 ·· 170

第九章 税收的法律责任与税收法律救济 ·················· 175
  第一节 税收法律责任 ···································· 175
  第二节 税收法律救济 ···································· 181

参考文献 ·· 187

第一章 税收概论

第一节 税收的产生与发展

一、税收的产生

公元前3100年左右,随着社会贫富的分化和阶级矛盾的发展,作为人类文明发源地之一的古埃及由氏族部落演化为统一的奴隶制国家。据考证,世界上已知最早的税收制度就是古埃及在公元前3000年至公元前2800年创立的。古埃及的最高统治者是专制君主法老,他代表奴隶主阶级掌握全国的政治、军事和司法等权力,除了占有奴隶的劳动产品外,还强迫平民缴纳谷物、蔬菜、皮革和酒等物品,法老每两年到全国各地巡视一次,向平民收取税收,这是人类社会有历史记载以来最早征收的实物税。古埃及土地的最高所有权属于专制君主法老,其中有很大一部分土地构成法老控制下的"王庄",由王室派官员经营,收取贡赋;此外,也有大片土地归公社占有,由公社农民使用,农民通过公社乃至州的管理机构向法老缴纳租税并为国家服役。

在古罗马,从"王政"时代起,由于铁器工具的普遍使用,社会生产力得到了迅速发展,手工业从农业中分离出来,商品交换也有了初步发展,财富积累不断增加。正是在这一背景下,古罗马在"王政"时代后期就有了赋税。古罗马最早开征的税收,被称为"Portoria",它实际上是对通过其海港和桥梁的货物征收的一种关税。在"共和"时代,古罗马平民的人数超过贵族，其工商业多由平民经营，税收的很大一部分来自平民。进入"帝国"时期后，古罗马的税收制度进一步发展，固定征收的税科主要有土地税、人头税、贡赋和关税等，不固定征收的税种的数量也比较多，具体包括遗产税、释奴税、营业税、商品税、拍卖税、售奴税、公民税和贩卖税等。在众多古罗马皇帝中，奥古斯都被认为在税收问题上最具战略眼光，一些沿用至今的税种都是在其统治时期首次开征的。如为了给退役的军人提供退职金，奥古斯都开征了税率为5%的遗产税，所有的遗产都要缴税，但留给子女和配偶的遗产免税。在奥古斯都统治时期，古罗马还开征了销售税，税率分为两档，买卖奴隶适用4%的税率，其他的交易适用1%的税率。

而中国税收的产生，根据《史记》中"自虞、夏时，贡赋备矣"的记载，中国的税收产生于夏代。中国早期的税收与夏、商、周时期的田赋制度紧密联系在一起。在夏代，中国开始实行"井田制"。在"井田制"下，土地由国王所有，但国王并不直接经营土地，而是将大部分土地赐给诸侯作为他们的俸禄，诸侯要从这些"公田"的收获物中拿出一部分，以"贡"的形式缴纳给国王作为财政收入。到了商代，"贡"法演变为"助"法，"助"也是一种与"井田制"联系在一起的力役课税制度，即"借民力而耕之"，助耕公田上的收获物要上缴其中的一部分，成为国王的租税收入。到了周代，土地课征制度由"助"法进一步演变为"彻"法，开始打破井田内"公"与"私"的界限，将全部的公田分给平民耕种，收获农产品后，彻取一定的数额交给王室。国家以"贡""助""彻"等形式取得土地收获物，从一定意义上说，已经具有了税收的某些特征，但其中也包含有租的成分。"贡""助""彻"虽然可以说是中国税收的雏形，但由于它们具有租税不分的性质，所以还不是纯粹意义上的税收。到了春秋时代，生产力得到进一步的提高，私田迅速扩张，作为奴隶制经济基础的"井田制"开始瓦解。公元前594年，鲁宣公宣布实行"初税亩"，不论公田和私田，一律按田亩课征田赋。"初税亩"首次承认了土地私有制的合法性，表明中国的税收已基本脱离租税不分的雏形阶段，从而初步确立了完全意义上的税收制度。

二、税收的发展

在人类文明的演进过程中,各个阶段的政治进程、经济发展水平和文化建设等诸多方面都各不相同,由此决定了各个文明时期税收的观念、存在形态、征管方式和制度安排等方面都存在较大的差别。原始文明时期,有原始文明的税收形式;农业文明时期,有农业文明的税收特色;工业和后工业文明时期,有工业和后工业文明的税收形态。

在税收的发展过程中,对人类文明的发展与社会进步有着至关重要意义的是税收确立方式的变化。税收确立方式指的是政府与社会成员之间税收关系成立的途径,它的变化与整个社会形态的演进是紧密联系在一起的。从确立方式来看,税收经历了由"自由贡献"到"请求援助",再从"专制课征"到"立宪协赞"这样一个漫长而复杂的发展过程。

(一)自由贡献阶段

原始文明和农业文明初期,社会生产力低下,物质财富匮乏。这一时期人类公共资源的积累主要来自基于崇拜的纳贡、建立在武力基础上的战利品以及基于集体活动的劳役,这三种形式可以说是原始形态的税收。由于此时的公共权力机构是由原始部落联盟演变而来的,中央集权制度还没有形成,所以其收入中有一部分来自社会成员和被征服部落的"自由贡献"是很自然的。

"自由贡献"表明这一时期的税收体现的是一种"由下敬上"的关系。在这种"由下敬上"的关系中,社会成员贡献何物、贡献多少以及何时贡献,都具有较大的自发性和随意性,并不十分严格,所以这时的税收在人们的观念中包含有"馈赠"的意思。在欧洲,古拉丁语中的"Donum"和英语中的"Bencvolence"都曾用来表示税收,它们的本意就是"自愿献纳"。中国夏代的"贡",其字面意思就是将产品献给国王或君主。自由贡献阶段的税收并不是真正意义上的税收,它还处于萌芽阶段。

自由贡献阶段的税收征缴以实物和力役形式为主。这一时期的税收具有较强的临时性,收入规模也比较小,财政支出需求更多地依靠公产收入等收入形式。

(二) 请求援助阶段

人类步入农业文明初期之后，许多国家在社会形态上都已经演进到奴隶社会。随着奴隶制国家王室费用和军事费用的急剧增加，仅靠公产收入、社会成员和被征服部落的贡纳已难以满足财政支出需求。正是在这种背景下，税收从最初的自由贡献阶段发展到请求援助阶段。

在请求援助阶段，每当国王或君主遭遇紧急事故或发生临时的财政需要时，便向社会成员提出请求，社会成员承诺之后，便将税款分摊下去，然后再把筹集上来的资财交给国王或君主。请求援助阶段的税收不再是完全自发的"由下敬上"，而是先由上对下提出请求，然后再由下对上给予援助；下对上援助什么、援助多少以及何时援助，也不再是完全随意的，而是按照一定的标准进行的。在欧洲，拉丁语中的"Precanum"和"Adjutorium"，英语中的"Aid""Subsidy"和"Contribution"，以及德语中的"Bede"，都曾表示过税收，它们的本意都是"请求援助"或"给予资助"。中国商代的"助"，也是一种带有鲜明援助性质的收入形式。

请求援助阶段的税收，在某种程度上已经具有了税收的一些性质，但还不是很完备的征税方式，如强制性不够，而且其课征更多地基于某种特定的目的，而不是为了应付一般性的财政支出。

(三) 专制课征阶段

到了奴隶社会末期和封建社会初期，各国陆续建立起了中央集权制度和常备军制度，不仅王权得到极度扩张，而且军费开支也不断膨胀。为了应对不断增长的财政支出需求，国王或君主便开始实行专制课税，一方面废除了往日的税收承诺制度，使纳税成为社会成员必须履行的义务；另一方面为了笼络贵族和僧侣阶层，赋予他们享有税收豁免的特权。相对于自由贡献和请求援助而言，专制课征的税收是单纯的"由上取下"，至于取什么、取多少和何时取，完全取决于至高无上的专制权。在欧洲，英语中的"Impost"和"Rato"，以及德语中的"Abgabe"，都表示过税收，它们的本意均为"强制课征"。在中国历史上，周代的赋税称为"彻"。学术界虽对"彻"的理解存在较大分歧，但一般都认为"彻"中含有强制的意思。进入专制课征阶段，是税收从不成熟走向成熟的标志。

当税收进入专制课征阶段时，农业文明已经发展到了一定阶段，不断进步的农耕技术使得农业成为社会财富最主要的来源，此时的税收主要针对农产品以及与农业紧密联系在一起的土地来课征。这一时期，税收由临时性的课征变成经常性的课征，收入规模也不断扩大。尽管如此，但受农业生产有限性的制约，农业文明时期的税收并没有成为最主要的财政收入形式，财政收入中仍然有相当一部分来自公产收入、特权收入和其他形式。由于农业文明时期，自然经济占统治地位，物物交换是其主要特征，因而尽管对商业、手工业和财产或经营行为课征的各种税有以货币形式征收的，但占主体地位的还是实物和力役形式，而且也多以"包税制"等简单的形式征收。

（四）立宪协赞阶段

封建社会末期，随着生产力的进步和私有财产权的发展，税收在政府财政收入中所占的比重越来越大，并最终成为政府的主要财政收入来源。于是，税收成了私人财产权固定和经常性的负担。在这种情况下，社会成员建立相应的制度对封建君主随意征税的行为进行适当约束的愿望也越来越强烈。新兴资产阶级力量的不断壮大，逐步改变了纳税人与专制君主之间的力量对比，并最终导致约束或限制封建君主征税权的财政立宪制度的确立。

"财政立宪"是在宪法中确立财政收支法定的原则，并建立相应的保障体系，以确保纳税人及其代表控制政府财政收支活动的一种制度安排。税收发展到立宪协赞阶段是财政立宪的核心内容之一，而税收法定原则的确立又是税收进入立宪协赞阶段的主要标志。税收法定原则指的是税收活动主体的权利和义务必须由法律加以规范，税收制度的各个构成要素必须并且只能由法律予以明确规定，没有法律依据，任何主体都不得征税，社会成员也不得被要求缴纳税款。税收法定原则具体包括课税要素法定、课税要素明确和课税程序合法等内容。"课税要素法定"指的是纳税人、征税对象、税率等税制要素必须要由国家最高权力机关制定的法律予以规范。税收行政法规和规章不能作为政府征税的依据。"课税要素明确"指的是法律对税制要素的规定必须尽可能的明确，不至于因表述上的歧义而使纳税人误解、使权力不当行使甚至滥用。除了要求由正式的法律来明确规范税制要素外，税收法定原则还要求在立法过程中对课税的程序进行明确的规定，税务机关征税、纳税人纳税以及对税务纠纷的处理，不仅要遵循税收实体法，而且也应当按照相关程序法的规定来进行。

虽然税收法定原则非常强调征税主体依法征税或纳税主体依法纳税，但它的意义却不仅局限于此，其更为重要的价值内涵是强调社会成员在税收活动中能够对政府征税权进行必要的约束和限制。国家的课税权不再操之于封建君主，而是操之于代表社会公众利益的民意机关，是立宪协赞阶段的税收区别于专制课征阶段税收的根本性标志。进入立宪协赞阶段后，政府课税权的行使必须经过社会公众的认可，政府的税收活动，无论是开征新税、废除旧税，还是调整税率或税收优惠方面的规定，都必须以不违反宪法为原则，并经过民选代议机关的同意。

税收的确立方式从专制课征过渡到立宪协赞，意味着税收步入最高发展阶段。在这一时期，任何一个阶级或阶层都不再享有豁免税收的特权，征税普遍性原则得到广泛实行；税收法定原则也使得社会成员的经济行为具有了确定性和可预测性，从而为近代社会经济的快速发展提供了基础性的条件；在经济发达国家，税收法定原则的确立还成为其民主政治的重要基石之一，并帮助建立起了有效防止税收负担过重的机制。

绝大部分国家立宪协赞阶段的税收，主要存在于工业文明和后工业文明时期。进入工业文明后，工业以及由工业化衍生出的发达的商业和服务业，突破了土地等自然资源的束缚，为社会提供了大量的物质财富，从而取代了农业成为人类文明发展的主要支柱。此时，商品税和所得税的地位日渐凸显，而农业税和土地税的重要性日渐式微。由于工业文明时期货币经济占据统治地位，货币成为商品和劳务的主要交换媒介，税收的征缴也相应地转变为以货币形式为主，实物和力役等征收形式所占的份额逐渐降低。目前，相当一部分国家是税收已经完全实现了货币征收，也有国家在个别税种中采用实物和力役形式。伴随着数字经济的发展，税收的征管方式还日趋多元化和复杂化。工业文明时期，各国的经济都实现了长期增长，再加上税收的普遍课征，所以税收的收入规模也持续扩大，逐渐成为当今世界最主要的财政收入形式，税收不仅是应对一般性财政支出需要的主力，而且整个国家财政都以税收为中心来展开。

第二节 税收的概念及根据

一、税收的概念

(一) 西方社会对税收范畴的界定

在不同的历史时期，西方社会的哲学家、经济学家、政治学家和法学家等都曾站在各自的立场上，用各种不同的方式表达了自己对税收范畴的认识。

1. 早期西方社会对税收范畴的认识

在古典经济学诞生之前，西方社会对税收范畴的界定主要是由一些政治家、法学家和哲学家做出的。英国著名政治学家、哲学家托马斯·霍布斯在1651年出版的《利维坦》中指出，"主权者向人民征收的税，不过是公家给予保卫平民各安生业的带甲者的薪饷。"法国路易十四时期的政治家科尔伯特则形象地将政府征税比喻成拔鹅毛："征税的艺术就是拔最多的鹅毛又使鹅叫声最小的技术。"法国著名法学家、政治学家孟德斯鸠在1748年出版的《论法的精神》中认为，税收是"公民所付出的自己财产的一部分，以确保他所余财产的安全或快乐地享用这些财产"。

早期西方社会对税收的认识，从经济学的角度看，虽然远不够完备，但其中却包含了一些精髓的税收思想，如托马斯·霍布斯对税收的认识就是在现代税收理论中仍占据重要地位的"利益赋税思想"和"税收价格论"的源头。

2. 近代西方社会对税收范畴的认识

古典经济学诞生之后，西方社会对税收范畴的界定，更多的是由经济学家做出的。不同国家、不同时期的经济学家都给出了自己对税收的看法。

英国经济学家亚当·斯密，是西方较早明确回答"什么是税收"的经济学家，他在1776年出版的《国民财富的性质和原因的研究》中指出，"作为君主或政府所持有的两项收入源泉，公共资本和土地既不适合用以支付，也不够支付一个大的文明国家的必要开支，那么这些必要开支的大部分，就必须取决于这样或那样的税收。换言之，人民必须从自己私有的收入中拿出一部分上缴给君主或政府，作为公共收入。"

法国经济学家萨伊在《政治经济学概论》中指出："所谓赋税，是指一部分国民产品从个人之手转到政府之手，以支付公共费用或提供公共消费。"在该书中，萨伊还提到赋税是"政府向人民征收他们的一部分产品或价值"。

德国社会政策学派的主要代表阿道夫·瓦格纳在其鸿篇巨制《财政学》中，从财政和社会政策两个层面对税收进行了界定。阿道夫·瓦格纳认为："从财政意义上来看，赋税是作为对公共团体事务设施的一般报偿，公共团体为满足其财政上的需要，以其主权为基础，强制地向个人征收赋课物。从社会政策意义上来看，赋税是在满足财政需要的同时，或者说无论财政有无必要，以纠正国民所得的分配和国民财产的分配，调整个人所得和以财产的消费为目的而征收的赋课物。"

近代西方社会对税收概念的表述虽有差别，但基本上都认识到税收是社会产品或资源从私人部门向政府的一种转移，同时也大体上指出了政府征税的目的是为了补偿政府的费用，或者说是为了公共消费，但这一时期对税收概念的定义在完备性上还有所欠缺。

3. 现代西方社会对税收范畴的认识

20世纪上半叶，英国财政学的主要代表人巴斯特布尔指出："所谓赋税，就是个人或团体为履行公共权力所进行的公共活动，在财富方面被强制分担的贡献。"同一时期，美国财政学的主要代表塞利格曼认为，"赋税是政府对于人民的一种强制征收，用以支付谋取公共利益的费用，其中并不包含是否给予特种利益的关系。"

20世纪50年代后，西方经济学者对税收范畴的认识进一步地趋同。如日本财政学家井手文雄认为，"所谓租税，就是国家依据其主权，无代价地、强制性地获得的收入"；英国税收问题专家西蒙·詹姆斯和克里斯托弗·诺布斯将税收定义为"由公共政权机构不直接偿还的强制性征收"。此外，税收是"纳税人为享用政府提供的公共产品和服务而支付的价格"的界定，也为当前的西方税收学界普遍接受。

现代西方社会对税收概念的界定已较为完备，不仅明确回答了"税收是什么"的问题，也在相当大程度上指出了税收的特征、目的、用途以及税收与其他财政收形式之间的差别。

（二）中国对税收范畴的界定

中国古代社会，一般把税收界定为"征收"或"征敛"，如《周礼·地官·里宰》中就有"以待有司之政令，而徵敛其财赋"的表述；《墨子·辞过》中有"以其常征，收其租税，则民费而不病"的主张；《孟子·尽心下》中也有"布缕之征，粟米之征，力役之征"的说法。类似的表述，在中国历代古籍中还有许多，如明朝何良俊写的典籍《四友斋丛说·史三》中就有"然今之征收，甚至一户之田有数十处分纳者"等。

清朝末年，体系化的财税理论作为"舶来品"引入中国。从总体上看，一直到中华人民共和国成立，中国财政学主要都是在做引进、翻译和介绍日本以及欧美国家财税理论的工作，因而这一时期中国对税收概念的表述与当时西方学者的认识大体相同，一般都把税收界定为政府施加给人民的强制负担。赋税为国家公共机构，谋共同之利益，根据于国家之总制权，遵照国家之经济政策，布定适当方法，征收国民之财富，就是这一时期对税收概念界定的一种有代表性的表述。

中华人民共和国成立后，受意识形态等因素的影响，中国将原先存在的财税理论和财税制度全盘推倒，全面接受来自第一个社会主义国家——苏联的财税理论，并以苏联为榜样来重建财税制度。正是在这样一种背景下，"非税论"在中国较大范围内得以传播。与此同时，伴随着计划经济体制的建立，国有企业的利润上缴也取代税收成为最主要的财政收入形式。在整个计划经济时期，中国学者对税收问题基本上没有作太多的系统研究，对税收范畴的认识也相当模糊。直到改革开放以后，税收重新成为中国主要的财政收入形式后，税收理论研究才重新受到重视并逐步深入，中国学者对税收概念的理解和把握亦逐渐加深。改革开放以来，中国学者对税收范畴的界定，概括起来主要可以区分为以下两类。

1. 将税收界定为一种财政收入

在这一类界定中，有代表性的观点有以下几种。

一是国家为满足公共需要，凭借政治权利，按预定的标准，向居民和经济组织强制、无偿地征收取得的一种财政收入。

二是国家为了实现其职能，制定并依据法律规定的标准，强制地、无偿地取得财政收入的一种手段。

2. 将税收界定为一种分配

在这一类界定中，也有一些不同的观点表述，具体如下。

一是政府为满足一般的社会共同需要，按事先确定的标准，对社会剩余产品所进行的强制、无偿的分配。

二是政府凭借政治权力，按照预定标准，无偿地集中一部分社会产品形成的特定分配关系。

三是国家为满足一般的社会公共需要，补偿由此发生的社会公共费用，按照法律规定的对象和标准，占有和支配一部分剩余产品而形成的一种特定的分配形式。

（三）中西方对税收概念的共识

中西方对税收范畴的认识至今仍众说纷纭，没有一个被广为接受的界定，但中西方对税收范畴的认识都在一定程度上反映出了税收的本质，其中的许多分析包含了一些在现代社会得到普遍认同的观点。

1. 税收是以政府为主体、以公共权力为依托进行的征收

在任何一个国家、任何时期，税收总是与政府联系在一起的。只有政府才具有征税权，其他任何组织或机构均无权征税。虽然税收并不是政治权力的产物，但两者之间却存在不可割裂的关联，因为在现实中政府征税都以公共权力为依托。

2. 政府征税的目的是满足社会公共需要

从本质上看，政府是社会公共事务的执行者，其活动的主要目的是满足社会公共需要。为了达到满足社会公共需要的目的，政府在履行其职能的过程中必然要消耗一定数量的社会资源，税收就是政府占有一部分社会资源的手段。正因为如此，所以说现代社会政府征税的主要目的是满足社会公共需要。

(四) 对税收范畴的进一步分析

古今中外的许多学者都认识到"税收是以政府为主体进行的一种强制征收"这一表象，并从不同的视角分析了表象背后的经济实质。

首先，可以从"分配"角度来进行分析。从形态上看，税收就是一种以政府为主体的分配活动。在强制征税过程中，一方面是政府在征税，另一方面是社会成员在缴税，这一征一缴导致社会资源或社会财富从私人部门手中转移到政府手中，政府以税收手段占有和支配一部分社会资源，实际上就是税收参与国民收入分配的过程，参与分配的最终结果就表现为政府获得了一定的财政收入。把税收理解为一种财政收入形式，实际上就是着眼于"分配"得出的结论。从税收在社会再生产中的地位看，它就是一种分配形式。社会再生产中的分配形式相当复杂，具体包括工资、价格、利润和租金等多种。税收是整个分配体系中的一个重要的组成部分，是诸多分配形式中的一种。从实质上看，税收也体现出一种分配关系。其实，任何分配所引起的产品或资源的运动都体现着不同主体之间的分配关系。税收分配引起社会资源在政府和社会成员之间流动的背后，就是政府与社会成员之间的分配关系以及由此而派生出的不同社会成员之间的分配关系。作为一个分配范畴，税收实际上是分配形式、分配活动和分配关系的统一。

除"分配"角度之外，还可以从"生产"和"交换"的角度来认识税收。从"生产"的角度看，经济学意义上的政府就是在社会分工中专门为社会成员提供其生产生活所不可或缺的公共产品和服务的部门。政府在提供公共产品和服务的过程中，必然会产生一定的成本和费用。从这个角度看，完全可以把税收视为政府向社会成员提供公共产品和服务的成本费用的一种补偿，或社会成员对社会公共费用的一种强制分担。而从"交换"的角度看，一方面政府向社会成员提供公共产品和服务，另一方面享用了公共产品和服务的社会成员也要向政府缴纳税款，这实际上可以被看作社会成员以纳税的方式与政府提供的公共产品和服务进行交换，这种交换与普通市场上私人产品的买卖极为相似，于是税收就表现为公共产品和服务的价格，即纳税人为享受政府提供的公共产品和服务而支付的对价。

虽然中西方学者都认识到"税收是以政府为主体进行的一种强制征收"这一表象，但对税收范畴经济实质的认识却存在较大的分歧。与中国学者主要从"分配"角度认识税收不同的是，西方学者更多地从"生产"或"交换"的角度来认识税收范畴。这种差异的形成是有其理论渊源的，其中最为关键的就是"政府观"。在近代社会，主要有"机械论"和"有机论"两种不同的政府观。从不同角度对税收范畴进行的界定，其蕴含的政府观是不同的。从分配角度认识税收范畴，在逻辑上与"有机论"的政府观保持一致；而从交换角度界定税收范畴，则与"机械论"的政府观是相吻合的。长期以来，"有机论"一直是中国居主流地位的政府观，而在西方国家"机械论"是占主导位置的政府观，这大概就是中西方学者分别从不同视角来界定税收的深层次原因之一。当然，中西方从不同的角度得到的不同认识，并非绝对对立、相互之间完全不能调和，从某种意义上可以说是对税收范畴认识的拓展和深化。

二、税收的根据

（一）西方的税收根据理论

西方学者对税收根据的探讨约始于17世纪。在西方税收理论数百年的发展过程中，先后出现了形形色色的税收根据理论和学说，如"公共需要说""利益说""牺牲说""保险说""掠夺说""社会政策说""经济调节说"等。

1. 公共需要说

"公共需要说"，是西方早期的税收根据理论，它也被称为"公共福利说"。"公共需要说"最早是官房学派学者于17世纪提出的,德国的克洛克、法国的波丹和卜攸以及意大利的柯萨等是"公共需要说"的主要代表人物。

"公共需要说"认为,人民具有某种公共需要,为满足这种需要,就要由政府履行相应的职能;而要由政府履行相应的职能来增进公共福利,就要使其拥有一定的资财,从而人民就要向政府纳税,因而税收存在的客观依据就在于公共需要或公共福利的存在。德国学者克洛克曾指出,"租税如不是出于公共福利的公共需要,即不得征收。如果征收,则不得称为正当的征税,所以征收租税必须以公共福利的公共需要为理由。"

2. 利益说

"利益说"亦称"交换说",它产生于社会契约论盛行的17世纪,其主要代表人物有英国的托马斯·霍布斯和亚当·斯密、法国的卢梭和蒲鲁东等。

"利益说"最早见于英国哲学家托马斯·霍布斯的有关论述:"人民为公共事业缴纳税款,无非是为换取和平而付出代价,分享这一和平的福利部门,必须以货币或劳动之一的形式为公共福利做出自己的贡献"。法国启蒙思想家卢梭也赞同"利益说"的观点,他认为国家是人民契约而成的,人民的利益要由国家来保障,所以人民应以其部分财产作为国家保护利益的交换条件,这样国家征税和人民纳税就与法律上的买卖契约相同。可见,"利益说"认为政府征税的根据就是政府维持社会秩序为人们提供利益的交换代价。

在西方当代财政税收理论中占有重要地位的"税收价格说",是由瑞典经济学家威克塞尔和林达尔等在"利益说"的基础上发展起来的。"税收价格说"立足于市场等价交换的角度来说明问题,它认为政府的征税权利来自为社会提供公共产品和服务。

3. 牺牲说

"牺牲说"又被称为"义务说",它产生于19世纪,主要代表人物有法国的萨伊、英国的穆勒和巴斯特布尔等。"牺牲说"认为,税收是国家基于公共职务活动的需要而向人民的强制课征,对国家而言是强制权的实施,对人民来说纯粹是一种牺牲。

法国经济学家萨伊最早明确指出，"租税是一种牺牲，其目的在于保存社会与社会组织。"在萨伊的基础上，英国经济学家穆勒发展了"牺牲说"，他依据纳税人的量能负担原则提出了均等牺牲的观点。英国财政学家巴斯特布尔则进一步阐述了穆勒的均等牺牲学说。他认为，"均等牺牲原则不过是均等能力原则的另一种表现。均等能力意味着负担牺牲的能力均等。"

4. 其他学说

"保险说"最早是由法国的梯埃尔于18世纪提出的，这一学说认为国家如同一个保险公司，国家保护人民的生命财产，人民因受国家保护而向国家缴纳税收，如同被保险人向保险公司缴纳保险费一样。产生于19世纪的"掠夺说"的主要代表人物是空想社会主义者圣西门，这一学说是用剥夺关系来解释政府的征税行为的，它认为税收是一个阶级掠夺其他阶级财产的一种手段。产生于19世纪末的"社会政策说"的主要代表人物是德国的阿道夫·瓦格纳和美国的塞利格曼，"社会政策说"认为税收应是矫正社会财富与所得分配不公的手段，是实现社会政策目标的有力工具。"经济调节说"产生于20世纪30年代，主要由凯恩斯学派的经济学家所倡导，它认为国家征税除了为筹集公共需要的财政资金外，更重要的是全面地运用税收政策调节经济运行；也就是说，通过税收调整资源配置以实现资源的有效利用，通过税收进行国民收入与财富的再分配以提高社会福利水平，以及通过税收调节有效需求以稳定经济发展。

在西方学者提出的诸多税收根据学说中，影响最大的是"利益说"和"公共需要说"，它们在相当大程度上揭示出政府征税合法性命题的真谛；而"社会政策说"和"经济调节说"等只是在一定程度上阐明了在当时社会经济形势发生变化以后税收应当发挥的作用，并未真正回答"政府为什么有权征税"的问题，严格来说，它们并不是真正意义上的税收根据理论。

20世纪五六十年代，西方税收学在步入现代发展阶段后，就极少再涉及税收根据问题。而更多地侧重于从"市场失效"的角度来阐明税收存在的客观必要性。由于完全竞争市场是不存在的，在现实生活中市场的资源配置很难达到帕累托最优状态，必然出现垄断、公共产品、外部性、不完全信息、不确定性、收入分配不公平以及宏观经济运行不稳定等市场失效。市场失效问题，从根本上是不可能依靠市场自身解决的，只能由政府以非市场的方式来弥补，以使得市场运行重新恢复到正常有效的状态上来。当政府干预市场时，就必须运用税收手段获得收入来保证干预的有效性。

（二）中国的税收根据理论

中华人民共和国成立后，长期实行的计划经济体制使得中国的税收制度被极度简化，再加上"非税论"的影响，从而直接导致中国税收理论的贫乏和滞后。除了传统的"国家分配论"简单地把税收根据归结为国家的政治权力外，基本上没有形成系统的税收根据理论。改革开放后，在税收重新成为规模最大的财政收入形式的背景下，中国学者开始对税收根据理论进行了系统的研究，先后提出了"国家政治权力说""国家职能说""国家最高所有权说"等；进入20世纪90年代后，中国理论界就税收根据又提出了一些新的论说或就以前提出的观点做了补充论述，如"国家社会职能说""法律权利交换说""独立经济利益说""税收债务关系说"等。

1. 国家政治权力说

"国家政治权力说"认为，国家参与社会产品的分配总要凭借某种权力，在我们面前有两种权力：一种是财产权力；另一种是政治权力。国家征税凭借的不是财产权力，而是政治权力。"国家政治权力说"与传统的"国家分配论"是一脉相承的，它一度在中国财税学界广为流行。

中国确立建立社会主义市场经济体制的目标后，部分"国家分配论"者也逐步将利益因素引入到"国家政治权力说"中，提出了"权益说"。"权益说"仍然坚持"国家政治权力说"的核心命题，同时也承认社会主义国家与纳税人之间也存在着利益关系，但又认为这种利益关系不同于等价交换的利益关系，而是长远利益与眼前利益、整体利益与局部利益、国家利益与个人利益的关系，或者说是"取之于民，用之于民"的利益关系。"权益说"强调"国家政治权利说"是以"利益说"为前提的，两者是统一的。

2. 国家职能说

"国家职能说"也被称为"国家需要说",它认为国家为满足实现其职能的需要就必须以强制的、无偿的方式参与对社会产品的分配,即政府征税的根据是满足国家实现其职能的需要。

后来,有学者对"国家职能说"做了补充论证:税收分配形成对社会产品的扣除、依据的是现有的生产规模、生产能力、国家的需要和可能以及在实践中摸索出来的规律性,这些都是凭借国家职能才能解决的;法律上的国家职能外化成法权,于是税收就成为一种权利和义务法律关系,而在事实上国家职能外化为宏观生产要素,依据受益原则构成整个社会经济活动的一部分成本,即税收。国家职能的外化形式法权和宏观生产要素构成国家课税的直接依据。

3. 国家社会职能说

"国家社会职能说"提出,在社会正义的范围内参与分配的根据只能是参与生产,国家以执行社会职能为社会再生产提供必要外部条件的形式参与生产,所以税收根据是国家的社会职能。

"国家社会职能说"将国家的社会职能区分为服务性职能和管理性职能。税收根据首先是国家的服务性职能及由此产生的国家与人民之间的互利关系。在此基础上根据社会经济发展的需要,国家也可在一定的范围和限度内以其管理性职能为根据向人民征税。国家执行其社会职能是其课税的权利,国家拥有政治权力是其课税的力量保障,权利与权力的统一,构成国家课税的事实。尽管也是从国家职能的角度来论证税收根据,但"国家社会职能说"在理论基础和逻辑推理等方面与"国家职能说"有着很大的区别。

4. 法律权利交换说

"法律权利交换说"认为,税收之所以存在,除了国家的存在外,还在于人民的权利需要得到政府的确认和保护;税收就是个人和企业为获得各种权利而承担的义务并付出的一种费用,它是一种超经济法权关系的体现。"法律权利交换说"不仅希望在总体上解释国家课税的根据,而且也力求说明各具体税种开征的原因,它认为不同的人(包括法人)所享有的权利是不同的。按权利与义务对等的原则,他们应当承担的税收义务或者说国家应开征的税种也应不同,如企业享有自然资源开采权,国家就应开征资源税;企业享有利润支配权,国家就可开征所得税;而企业享有经营权,国家就可以开征流转税。

与传统的"国家政治权力说"相比,改革开放以后中国提出的税收根据理论,基本上不再简单地认为税收只是人民对国家的一种无偿支付了,而都不同程度地认同政府与人民之间的税收关系包含利益因素在内的观点,并且在解释税收根据时或多或少地吸纳了利益赋税或利益交换的思想。如果说"国家职能说"中体现的利益赋税思想还有些模糊的话,那么在"国家社会职能说"和"法律权利交换说"等论说中。这一思想就已经相当明确了,即使是部分"国家分配论"者也将其主张的"国家政治权力说"改良为所谓的"权益说"。

第三节 税收的职能与作用

一、税收的职能

(一) 税收的财政收入职能

税收的财政收入职能指的是税收参与社会产品的分配从而占有一部分社会资源的功能,它是税收最基本的职能。

税收所具有的无偿性、强制性和确定性的形式特征,决定了它在取得财政收入方面具有及时、可靠和均衡等特征,这就使得税收成为政府取得财政收入的首选形式。在现代社会,税收的收入职能日益突出并不断得以强化,使得税收成为"政府机器的经济基础"。"税收国家"的称谓,就是在这样一种背景下出现的。

(二) 税收的社会公平职能

税收的社会公平职能是指税收所具有的调节收入分配的功能。在征税的过程中,政府通过征与不征、多征与少征等方式,是可以影响和改变不同社会成员之间的收入分配状况的。

市场经济条件下，国民收入分配的基本原则是按照生产要素进行分配。在现实生活中，人与人之间占有的生产要素本来就存在较大差异，再加上各种生产要素由于其在生产中的贡献不同而使得各自获得的单位报酬率也不相同，所以国民收入分配的结果必然是人与人之间存在着或大或小的差距。尽管一定的收入分配差距对保持市场机制的有效运行是不可或缺的，然而过大的收入分配差距也会对国民经济的平稳运行产生不利的影响，并造成社会成员之间的矛盾和冲突，导致整个社会动荡不安。为了防止这种状况的出现，就要由政府对国民收入的分配进行适当的调节，以达到矛盾双方都能接受的某种公平状态。

在政府调节收入分配的诸多方式中，税收是代价相对较小、效果比较显著的一种。一方面，运用税收手段调节收入分配相对较少地干预市场机制的正常运行，而价格维持制度和最低工资制度等方式会直接影响产品和要素的相对价格，进而扭曲市场机制的运行；另一方面，运用税收手段调节收入分配，不仅能通过收入的转移作用于特定的群体，而且还能通过政府的公共事务职能而及于社会的全体成员，不像价格维持制度和最低工资制度等方式那样只涉及部分生产者或劳动者。

（三）税收的经济调节职能

税收的经济调节职能指的是税收提高微观经济运行效率，保持宏观经济平稳运行的功能。在取得财政收入的同时，政府征税也改变了各经济活动主体的利益，而利益的多寡又直接影响他们的行为。在这样一种情况下，政府就可以有目的地利用税收手段来影响和改变各经济活动主体的利益，以使他们的行为尽可能地符合相关的社会经济政策，与此同时，也保持宏观经济的平稳运行。虽然税收的经济调节职能是一种客观存在，但它的实现却受到一定社会形态下政治、社会和经济状况以及政府目标的影响。

从微观层面看，市场经济条件下的经济活动主体都是以利润最大化为活动目标的，此时资源配置主要取决于经济活动主体自身收益与成本的对比关系。然而某些产品与服务的生产，不仅给生产者自身带来收益或成本，而且给他人或社会带来收益或成本,即存在外部性。当出现正外部性时,生产者以自身收益为依据所安排的生产活动对社会而言会显得过少,没有充分利用现有的经济资源最大限度地满足人们的需要;而当出现负外部性时,生产者以自身成本为依据所安排的生产活动对社会而言又会显得过多,造成了经济资源的浪费。为了实现整个社会经济资源的有效配置,需要由政府对资源配置进行适当的调节。税收就是政府调节资源配置的一种重要手段,出现正外部性时可以采取低税、减税或免税的办法,而出现负外部性时则可以采取征税或加重税负的办法。

从宏观层面看,市场经济的自发运行总是会出现周期性的波动,这意味着宏观经济出现了不稳定。从根本上说,宏观经济运行不稳定是由社会总供给和社会总需求失衡造成的。但是宏观经济总量失衡又不是市场本身所能有效解决的,而只能由政府来进行适当的干预和调节。政府对社会总供求进行调节可以运用货币政策,也可以运用财政政策,更多的时候是两者相互配合。运用财政政策来调节社会总需求又有财政收入与财政支出两种手段。由于支出的刚性较强,所以财政支出手段的作用力度在一定程度上受到限制,此时财政收入手段的作用就显得相对突出。在现代市场经济条件下,税收占财政收入的比重基本保持在90%左右,财政收入的作用主要体现为税收的作用。政府为保持宏观经济的平稳运行,必然把税收作为一个重要的工具。

二、税收的作用

税收的作用是政府税收活动与社会经济环境相结合所产生的效果,它是税收职能的外在表现。要有效发挥税收的职能,就必须正确认识税收的作用,既不能忽视税收对社会经济生活所产生的影响,也不能任意夸大税收的作用。中国对税收作用的认识,随着意识形态和经济体制模式的变迁发生了较大的变化,同时也在相当大程度上制约着中国的税收实践活动。中华人民共和国成立以来,中国对税收作用的认识先后经历了以下三个不同的阶段。

(一)"税收无用论"阶段

"非税论"是以否定国有经济税收和社会主义税收必要性为主要内容的

一种理论，它认为，在社会主义公有制条件下，政府向国有企业征税已失去税收所固有的强制转移所有权关系的特性，使得基于这一特性的税收对财政和经济的特殊作用已不复存在，或者说税收的作用完全可以被诸如计划价格和利润上缴等其他分配范畴所取代。"非税论"在20世纪50年代初期由苏联传入中国，在意识形态等因素的影响下，中国很快就全盘接受了"非税论"。

"非税论"及由其引申出来的"税收无用论"，是中国计划经济时期历次税制简化直至取消税收的理论基础。1950年颁布实施的《全国税政实施要则》规定，除了农业税外，全国范围内统一开征货物税、工商业税、盐税、关税、薪给报酬所得税、存款利息所得税、印花税、遗产税、交易税、屠宰税、房产税、地产税、特种消费行为税和使用牌照税等14种工商税。1953年，中国按照"保证税收，简化税制"的原则，对原工商税制作做了一些修订。修正后还有12种工商税。1958年中国又本着"基本上在保持原有税负的基础上简化税制"的方针，对《全国税政实施要则》规定的税制体系做了相当大的调整，其中一项重要内容就是把原来对产品销售实行一次性课征的商品流通税、对一部分工业品所征收的货物税、对工商企业按销售额征收的营业税以及印花税简并为"工商统一税"，改革后只保留了9个税种。1959年中国停征了存款利息所得税，1966年又废除了文化娱乐税。1973年的工商税制改革把工商统一税及其附加、城市房地产税、车船使用牌照税、盐税和屠宰税等五个税种合并为"工商税"，合并后对国营企业只征收工商税，对集体企业只征收工商税和工商所得税；与此同时，各税种的税目和税率也被简化，税目由原来的108个减为44个，税率由原来的141个减为82个。在整个计划经济阶段，税收制度多次被简化直至近乎单一税制，税收的作用几乎被全盘否定，税收也被视为与公有制经济和社会主义分配关系不相融的"异物"。

（二）"税收万能论"阶段

党的十一届三中全会召开以后，全国上下都解放了思想，对过去几十年的税收理论和税收实践的经验教训进行了总结，"税收无用论"受到了批判，税收作为重要经济杠杆的地位被确立下来。在"税收杠杆论"思想的指导下，税收实践也发生了巨大变化，这集中体现在1984年全面税制改革后形成的"多税种、多环节、多层次"的复合税制上。进入20世纪80年代后，中国首先废止了1973年出台的"工商税"，接着又围绕着两步"利改税"对税收制度进行了较大幅度的调整，改革的主要内容包括两个方面：一是预算内国营企业由上缴利润改为征收国营企业所得税，税后利润归企业支配，紧接着又推行承包制和实行一户一个税率的国营企业调节税；二是出台产品税、增值税、营业税、盐税、国营企业奖金税、建筑税（后改为"固定资产投资方向调节税"）、城市维护建设税、国营企业工资调节税、城乡个体户所得税、私营企业所得税、中外合资企业所得税、外国企业所得税、个人收入调节税、集体企业奖金税、事业单位奖金税、特别消费税、资源税、烧油特别税、城镇土地使用税、集体企业所得税、工商统一税、印花税、牲畜交易税、屠宰税、筵席税、集市交易税、车船使用税、房产税、城市房地产税、个人所得税等多个税种。到1993年12月，中国共开征了五大类42个税种。"多税种、多环节、多层次"复合税制的建立，使得税收作用于经济在范围上更广、程度上更深。

虽然在"税收杠杆论"的指导下，改革开放后中国的税收制度从计划经济时期的单一税制恢复为复合税制，为进一步深化税制改革做了前期准备，但是在批判"税收无用论"的过程中，中国并没有很好地解决税收在社会经济中作用的合理定位问题。在对税收作用的认识上，中国刚走出"税收无用论"的极端，又渐渐步入"税收万能论"的极端，过分夸大税收的功能和作用，把税收视为解决改革中出现种种问题的"灵丹妙药"，主张用税收来解决现实经济生活中的一切问题。在实践上，"税收万能论"导致一遇到问题，首先想到的便是税收，进口调节税、国营企业工资调节税、个人收入调节税、集体企业奖金税、事业单位奖金税、特别消费税、烧油特别税、筵席税和固定资产投资方向调节税等税种就是在这种指导思想下出台的。此时，税收杠杆常常超越自身能力代替其他经济杠杆"工作"，其直接结果是税种越来越多、税制越来越繁复以及税制改革越来越不规范。

"税收无用论"和"税收万能论"尽管在表现形式上截然相反，一个忽视税收在经济发展中的重要作用，另一个却夸大税收在经济发展中的作用，但都是人们在税收作用认识方面所反映出来的形而上学观点，这两种态度显然都是不可取的。以这样的思想指导实践，只会给政府财政和社会经济运行带来不良的后果。

（三）辩证认识税收作用阶段

1994年中国对税收制度进行了较大幅度的调整，建立了以规范化的增值税为核心，消费税、营业税相互协调配套的商品税体系，统一了个人所得税和内资企业所得税，同时也取消了集市交易税、牲畜交易税、资金税和工商调节税，调整了城市维护建设税，新开征了土地增值税。进入21世纪后，中国又启动了新一轮税制改革，先后完善了消费税制度、取消了农业税和农林特产税、实现了增值税的转型、统一了内外资企业所得税、推出了资源税改革、完成了"营改增"以及个人所得税模式的转变，与此同时也在积极酝酿房产税的改革。1994年的税制改革，标志着中国开始更加科学、理性地认识税收在社会经济中的作用。

在社会经济发展过程中，税收的存在是客观的，作用是现实的，但税收也不是万能的，同其他所有事物一样，税收作用是相对的、有限的。税收作用之所以具有局限性，首先在于税收功能自身的局限性。任何一个税种的征税对象都是特定的，税收作用的发挥只能限定在征税范围之内，其作用对象也只针对特定的纳税人，对于不属于征税范围的领域或不是纳税人的经济活动主体，税收的作用也就无从谈起。其次，税收作用还受到征税深度的限制，由于税收作用是通过税收负担水平的界定和调整来实现的，所以税收作用的力度就会受到纳税人缴纳税额的限制。税收作用的有效性不单取决于政府，还有赖于纳税人对税收政策或税收制度调整带来的税收负担变化的敏感性，有时纳税人对税收负担变化的行为选择，会使得税收作用达不到预期的效果。再次，税收制度设计和实施过程中存在的一些问题，也可能限制税收作用的发挥。在一些国家，由于多方面的现实原因，有时甚至是受既得利益的影响而在税收制度设计时就没有达到最优，在这样一种情况下，税收作用必然也是具有局限性的。在现代社会中，税收制度是经过法定程序批准的，在一定时期内应具有相对稳定性，而不能频繁地调整。即使要调整，也需要经过法定程序批准，由此也决定了税收作用于千变万化的社会经济存在着明显的时滞。最后，税收作用的发挥还要受到一定征管水平和税收成本的制约，离开现实的征管水平、不问税收成本，也不可能发挥税收应有的作用。

第二章 税收的效应

第一节 税收微观经济效应

税收对微观经济活动主体的影响,也就是税收对纳税人生产与消费决策,对劳动力的供求,对家庭储蓄行为以及对私人投资的不同影响,所有这些影响即构成税收的微观经济效应。

一、税收对生产和消费决策的影响

在市场经济条件下,企业生产什么、生产多少的生产决策是根据利润最大化目标做出的,消费者的消费决策虽是基于满足最大福利的目标,但也要受制于预算约束。因此,无论是生产决策还是消费决策,都与商品的市场价格有着密切的关系。它体现为,商品的价格发生变化,生产者和消费者的行为决策也会发生相应改变。而政府对商品的课税会影响其市场价格,因此,商品课税会通过税收的价格效应对生产决策和消费决策产生一定的影响。

(一) 税收的价格效应

商品课税对价格的影响有两个方面。首先,对商品课征的税收会造成生产者价格与消费者价格相分离。即在没有税收的情况下,市场上生产者出售商品实际得到的价格,也就是生产者价格与消费者购买商品支付的价格。而政府对商品课税以后,税收就像一个楔子插入生产者价格与消费者价格之间,使两者不再吻合。设 P_f 代表生产者价格,P_c 代表消费者价格,T 代表从量商品税的单位税额,t 代表从价商品税的税率,并假设纳税人为生产者。则在政府征税的情况下，生产者价格与消费者价格的关系可表述为：

$$P_c = P_f + T$$

或 $P_c = (1+t) P_f$

在政府征税，且纳税人为生产者的情况下，消费者价格中包含有税款，而生产者的价格是一种不含税的价格，因此，消费者价格通常被称为总价格，而生产者价格则被称为净价格。

其次，商品课税还会影响均衡状态下的生产者价格和消费者价格。其影响的方向是：提高消费者价格，降低生产者价格。

（二）税收的产出效应

税收的产出效应，是指税收对课税产品生产量的影响。由税收的价格效应可知，政府对产品课税，会减小该产品在市场上的均衡交易量。而这实际上意味着税收会影响企业的生产量。但是，供求均衡分析是针对某种产品的市场总供给和总需求来进行的，不涉及某个具体企业的生产，因此，这里的影响仅限于税收对整个行业总产量的影响。为了全面了解税收的产出效应，还需要分析税收对单个企业生产量的影响。这种分析可以通过成本来进行。

（三）税收的生产替代效应

税收的生产替代效应，是指税收对企业产品结构的影响，它体现为政府课税会改变企业产品的产量结构。税收的生产替代效应是由政府进行选择性商品课税导致的。税收的产出效应表明，政府对个别商品课税以后，会导致企业相应减少课税商品的产量或放弃生产，同时把资源更多地转向非课税商品的生产。

（四）税收的消费替代效应

税收的消费替代效应，是指税收对消费者选择商品的影响，它表现为政府对个别商品课税后，引起市场上课税商品的相对价格上涨，从而导致消费者在选购商品时，减少课税商品的购买量，相应地增加非课税商品的购买量。这种由税收导致消费者增加非课税商品需求来替代对课税商品需求的影响，称为税收的消费替代效应。

二、税收对劳动力供求的影响

劳动力市场是最基本的要素市场。从理论上来看，税收对个人的劳动力供给以及企业对劳动力需求都有一定的影响。其中，在现代国家开征的各税种中，个人所得税和社会保险税对劳动力供求的影响最大，最直接，因此，此处的分析主要围绕这两个税种展开。

(一) 税收对劳动力供给的替代效应

无论是个人所得税，还是社会保险税，都要对劳动者的工薪收入课征，其结果，必然是降低劳动者的实际工资或净收入。例如，在没有税收时，假设劳动者的工资为 W，政府课征税率为 t 的个人所得税或社会保险税以后，劳动者的工资将减低至 $(1-t)W$。

对劳动者个人而言，一天可分为劳动和闲暇两个时间段。显然，闲暇时间长了，其劳动时间必然缩短，工资收入也会相应减少。因此，个人实质上是在用工资与闲暇进行交换。如同用工资收入购买的其他商品一样，闲暇也可以认为是一种商品，也有价格。单位时间的工资，即工资率也就是闲暇的价格，工资率如果变化了，闲暇与其他商品之间的相对价格就会随之改变，人们对闲暇和其他商品的选择也将发生相应变化。

政府对个人工资收入课税，必然降低劳动者的实际工资率。而工资率降低，意味着闲暇变得便宜了，这时人们将增加对闲暇的消费。即以闲暇替代劳动。这种税收导致人们增加闲暇，减少劳动供给的影响，被称为税收对劳动力供给的替代效应。

(二) 税收对劳动力供给的收入效应

税收对人们劳动供给决策的影响除了替代效应以外，还有收入效应。政府对工资收入课税以后，劳动者的实际工资率下降，可支配收入或净收入减少。而劳动者可支配收入的减少将迫使其不得不减少闲暇和其他商品的消费。即增加其劳动供给。换言之，劳动者在税后工资收入下降以后，为了维持原有的收入水平和生活水平会比过去更努力地工作，从而增加劳动力的供给。税收的这种影响，被称为税收对劳动力供给的收入效应。

（三）税收对劳动力供给的净效应

政府对工资收入课税，对劳动力供给会同时产生替代效应和收入效应，而且这两种效应对劳动力供给的影响方向相反。前者减少劳动力的供给，后者则增加劳动力的供应。那么，这两种效应究竟孰大孰小？其净效应是什么？这些问题，对于不同的劳动者答案是不同的。从经济学的观点来看，由于人们对劳动与闲暇的偏好不同，所以，他们在劳动力供给方面对税收做出的反应也不可能完全相同。因此，税收对劳动力供给的净效应实际上是因人而异的。

（四）税收对企业劳动力需求的影响

税收对企业劳动力需求的影响，主要表现在政府对企业课征社会保险税，会提高企业的劳动力价格，从而导致企业减少对劳动力的需求。

社会保险税一般是按雇员工资的一定比例向雇员和雇主分别征收的。企业雇佣一个工人，除了要为雇员支付工资以外，还要为其缴纳社会保险税。因此，企业的劳动力价格不仅取决于工人的工资率高低，而且还要受社会保险税的影响。在工资率一定的情况下，政府对企业征收社会保险税或提高社会保险税税率，企业的劳动力价格就会随之提高。

具体来说，社会保险税通过提高企业劳动力价格，将从两个方面影响企业的劳动力需求。一是替代效应，即政府对企业课征社会保险税以后，企业的劳动力价格上升，劳动力成本增加，从而导致劳动力对资本的相对价格提高，由于资本和劳动力之间存在技术上的替代性。因此，企业为了保持原有的投入水平，如仍处在相同的等成本曲线上，就可能多使用资本以替代一部分劳动力，其结果将减少企业劳动斩的需求。二是规模效应。所谓规模效应，是指政府对企业课征社会保险税以后，企业的劳动力价格提高，边际成本上升，造成均衡产量下降。

三、税收对家庭储蓄行为的影响

储蓄和消费一样，也是家庭的基本经济活动。消费是家庭购买商品和劳务以获得当期满足的活动，而储蓄则是把家庭经济资源从现期转移到未来某个时期以便在未来得到满足的活动。因此，从某种意义上说，储蓄就是未来的消费，或储蓄是推迟了的消费。家庭储蓄的动机是多方面的，而所有储蓄动机都会影响家庭的储蓄行为。此外，家庭的储蓄行为还要受一些客观因素的影响，税收就是其中的一个影响因素。而影响家庭储蓄行为的税种主要是个人所得税和财产税。

(一) 个人所得税对家庭储蓄行为的影响

个人所得税对家庭储蓄行为的影响，主要是通过对储蓄的利息收入课税引起的。这种课税可以是单独对利息收入征收，也可以是把利息收入纳入个人所得税的征税范围。政府对利息课征所得税，必然会降低储蓄的实际利息收入，这对家庭出于生命周期动机和谨慎动机而进行的储蓄都会产生一定影响。但是，如同税收对劳动力供给的影响一样，个人所得税对家庭储蓄行为的影响方向在理论上也是不确定的。

(二) 财产税对家庭储蓄的影响

政府对家庭的财产课税与对所得课税一样，也会影响到家庭的储蓄行为。这可以从财产与储蓄的关系上来理解。家庭的财产是指一定时点上家庭所拥有的经济资源（财富）的总值，是一个存量，是家庭各个时期储蓄的积累，故人们又称它为总储蓄。所以，政府对家庭的财产课税，实质上是对家庭储蓄的成果课税，这对家庭的储蓄行为不能不产生一定的抑制作用。尤其是在家庭没有遗产目标时，这种抑制作用将更为明显。换言之，财产税会鼓励人们把更多的收入用于当期消费，而不是用于储蓄。

四、税收对私人投资的影响

私人部门的投资是指企业和个人为了获得一定的收益而进行的购买或投入行为。按购买的内容来划分，可以分为实物资产投资和金融资产投资。前者主要是指为扩大生产能力而进行的设备和建筑物的购置及安装活动；后者则是指购买各种有价证券的行为。

(一) 税收对企业实物资产投资额的影响

在现实的经济生活中，企业是否购置厂房、设备的投资决策要受许多因素的影响。一般来说，在企业产品销售前景不存在问题的情况下，企业是否愿意进行实物资产的投资，关键取决于投资是否有利可图，根据美国经济学家乔根森提出的新古典投资模型，即乔根森模型：只要企业追加一个单位的投资所带来的收益。即边际收益大于这笔投资的资本使用成本，企业就愿意进行投资，且企业的投资行为将一直进行到投资的边际收益等于这笔投资的资本使用成本。

在乔根森模型中，一方面，公司所得税对企业的利润征税，会直接减少企业投资的净收益，而企业进行投资决策所真正关心的正是投资的税后净收益。另一方面，公司所得税往往规定有折旧扣除条款或投资税收抵免，这些规定又都有利于降低企业投资的资本使用成本。所谓折旧扣除，是指企业提取的固定资产折旧可以从应税所得中扣除。由此使得企业可以从中得到一定的税款节省额，从而实际上降低了企业购置资产的有效价格，或者说降低了资本的使用成本。折旧扣除所产生的税款节省额与资产的折旧方法、折旧年限，以及公司所得税税率有关。

（二）税收对家庭资产组合决策的影响

金融资产是家庭投资的主要对象。由于不同种类的金融资产可以给人们带来不同的收益率，且资产遭受损失的风险程度也不同，因此，投资者为了分散投资风险，往往要同时持有几种具有不同风险和收益的资产，并根据自己的偏好选择一个适当的资产组合。税收对资产组合的影响，主要体现为税收对风险承担的影响。

为了简化分析，假定投资者只能在两种资产之间进行选择和组合，且假定：第一种资产具有绝对的安全性，即没有风险，但其收益率为零；第二种资产具有较大的风险，但可以取得正的收益率。面对这两种资产，投资者可以做出两个极端的选择：只持有安全资产，或只持有风险资产。但前者没有任何收益，后者则风险太大。所以，一个明智的投资者可能会既持有第一种资产，又持有第二种资产。至于投资者愿意持有的两种资产的组合比例，则取决于他们对风险和收益的偏好。

在政府对资产收益课征所得税的情况下，假定政府不允许投资者用投资亏损抵消其投资收益。根据前面的假定，第一种资产即安全资产的收益率（r）为零，第二种资产即风险资产的收益率（x）既可为正也可为负。设政府征收的所得税税率为t，由于安全资产的收益率为零，所以，征税对其需求量没有影响。而风险资产的收益率可正可负，当政府征税时，如果投资者有收益，即$x>0$，则风险资产的净收益率就降为$x(1-t)$；而当投资者购买风险资产发生亏损，即$x<0$时，风险资产的净收益率等于x。这样，在亏损不能抵消收益时，所得税就会因减少投资收益而降低人们对风险资产的需求，且所得税的税率越高，风险资产的吸引力就越低，当所得税税率高到接近100%时，人们就会放弃风险资产，而把全部投资都投向安全资产。

再假定所得税有亏损抵消其投资收益的规定，即允许投资者用一个时期或一种资产项目发生的投资亏损冲减其另一个时期或另一种资产项目取得的应税投资收益，则情况会与上面大不相同。这时，对投资者来说，税收既降低了风险投资的收益，又降低了其投资的风险程度。换言之，在允许亏损冲抵收益的情况下，政府实际上已成为投资者的"合伙人"，在有收益时，政府可以与投资者分享收益；在有亏损时，政府可以与投资者分担亏损。而正是由于有政府的参与，人们投资于风险资产的风险程度下降了。由此也使得所得税对风险资产的需求产生了双重影响：一方面，它降低了风险资产的收益率，从而抑制了人们对风险资产的需求；另一方面，它又降低了风险资产的风险程度，从而刺激了人们对风险资产的需求。但由于这两种影响方向相反。因此，所得税对人们持有风险资产的需求进而对人们资产组合的影响是不确定的。

第二节 税收宏观经济效应

经济增长、经济稳定与社会公平。是宏观经济运行中的几个最重要的问题，并构成宏观经济政策的基本内容。而经济增长、经济稳定与社会公平，又都与一国的税收制度、税收政策密切相关。因此，分析税收的宏观经济效应，也就是要分析税收对经济增长、经济稳定与社会公平所产生的影响。

税收作为政府手中掌握的参与社会产品分配的重要工具,其运用不仅能为政府提供必要的资金来源,同时,还可以通过调整各经济主体的利益分配关系,引导纳税人的经济活动,合理配置资源。因此,税收对经济的影响主要是通过它对资本形成、劳动供给、技术进步等增长要素以及对收入分配、环境保护、价格稳定等发展问题的影响来体现的。

一、税收与经济增长

(一) 税收与经济增长的一般关系

经济增长是经济发展的首要条件。经济增长通常可用一定时期的社会总产出,即国民生产总值或国民收入的增长率来表示,因此,税收与经济增长的一般关系。实际上就是税收与国民生产总值或国民收入变动的一般关系。

假定社会的经济活动是由家庭或消费者和企业两大部门组成,所有企业作为一个整体从事生产活动,生产出各种物品和劳务,这些物品和劳务最终形成社会的总供给。在商品货币经济条件下,企业要进行生产活动就必须购买各种生产要素,诸如劳动、土地和资本,而生产要素所有者会得到各种报酬,即劳动者的工资、土地所有者的地租、资本所有者的利息和利润。这样,在一个经济社会里,一定价值的商品或劳务提供就有等量的收入对应,即总供给和总收入应当是相等的。

而各种生产要素所有者获得的收入有一部分要用于当期的消费,另一部分则形成储蓄。因此,如以 Y 表示国民收入,C 表示消费,S 表示储蓄,则有:

$$Y=C+S$$

实际上,这些收入最终是要转化为各种支出的。而各种支出的总和便形成社会的总需求。这也就是说,社会的总需求等于总支出,而总支出等于总收入。因为总支出的一部分形成对消费品的需求,一部分形成对投资的需求。如以 C 表示消费,I 表示投资,则有:

$$Y=C+I$$

把收入和支出两个方面结合起来,可得到国民收入核算的恒等式:

$$C+S\equiv Y\equiv C+I$$

即 $S\equiv I$

但实际上,如果不考虑国外部门,一个社会的经济至少是包括政府部门在内的三部门经济。而在引入政府部门后,决定总供求的因素就发生了变化。具体来说,个人、企业在取得收入后,要向政府部门缴纳税收,剩余部分才是可支配收入,用于消费或储蓄。由于政府通过税收,减少了个人和企业在收入川流上的数额,因此,从收入方面看:

$$Y=C+S+T$$

同样,政府的收入要用于购买或转移支付,并相应增加支出川流上的数额。因此,从支出方面看有:

$$Y=C+I+G$$

以上两式中,T 为政府税收总额,G 为政府支出总额,既包括政府购买也包括转移支付。把这两式结合起来,则得到新的国民收入核算恒等式:

$$C+S+T\equiv Y\equiv C+I+G$$
$$S+T\equiv I+G$$

现在,再进一步分析税收与国民收入变动的一般关系。把消费 C 看成是收入的函数,并假定在没有收入时消费量为 C_a,可支配收入为 Y_d,边际消费倾向为 b,于是有

$$C=C_a+bY_d$$

这里,假定税收 T 为总额税,于是,可支配收入 Y_d 便等于总收入 Y 扣除 T 后的余额,即:

$$Y_d=Y-T$$

将此式代入 $Y=C+I+G$,有:

$$Y=C_a+b(Y-T)+I+G$$

即:$(1-b)Y=C_a-bT+I+G$

由此可得出:

$$\Delta Y/\Delta T=-b/(1-b)$$

上式表明了税收变动与国民收入变动的一般关系,通常称之为税收乘

数。由于税收乘数为负值,这表明国民收入的变动与税收变动的方向为反向变动。当政府税收增加时,国民收入将减少,并且减少的数额相当于税收增量的 $b/(1-b)$ 倍。当政府税收减少时,国民收入将增加,并且增加的数额相当于税收减量的 $b/(1-b)$ 倍。因此,如果仅仅考虑税收因素,减税有利于刺激经济的增长。

(二) 经济增长、储蓄和资本形成

税收对经济增长的推动作用归根到底是通过税收促进储蓄和资本形成来实现的。

经济增长首先取决于生产要素投入量的增加。一般认为,土地、劳动和资本是生产的三个基本要素。作为自然资源的土地的多寡,会给经济的增长造成有利或不利的条件,但不能对经济增长起决定性的作用。而劳动这一生产要素在发展中国家的供给由于一般具有无限弹性或无限供给。因此,其对经济增长目标的效用,实际上取决于可利用的资本数量。也就是说,物质资本的多寡,物质资本形成的快慢,是经济增长的首要约束条件。

发展经济学家刘易斯认为,经济发展理论的中心问题,就是去理解一个由原先的储蓄和投资占不到国民收入 4% 或 5% 的社会本身变为一个自愿储蓄增加到国民收入的 12% 到 15% 以上的经济的过程。他认为,这一问题之所以成为中心问题,是因为经济发展的中心事实是迅速的资本积累。美国经济学家讷克斯提出了著名的"贫困恶性循环"理论。讷克斯认为,资本形成是经济增长的核心问题。发展中国家之所以处于落后状态,是由于如下的两个循环关系阻碍了这些国家的资本积累。首先,从供给方面看,发展中国家由于实际收入水平低,储蓄能力很小;而实际收入水平低,是生产力水平低的反映;生产力水平低则主要是由于缺乏资本;而缺乏资本又是储蓄能力小的结果。这构成一个循环。其次,从需求方面看,发展中国家的投资诱惑力小,是因为人们的购买力低;而人们的购买力低是由于他们的实际收入少;实际收入少又是由于生产力水平低;而生产力水平低则是用于生产的资本数额少的结果。后者部分地可能是由于投资诱惑力小所造成的。当然,讷克斯同时也指出,资本的匮缺并不是经济落后的一切,还有其他因素作用,如矿产资源的匮乏、土壤的贫瘠等。但是，所有的发展中国家，其贫穷的原因都可以在某种程度上归咎于缺乏充分的资本设备。而为了打破"贫困的恶性循环"，发展中国家就必须设法提高积累水平，促进资本的形成。

经济的增长需要资本存量的增加，而资本存量的增加要靠投资，更多的投资只能来源于储蓄。储蓄可以来源于国内，也可以来源于外国资金的流入。外国资金的流入从当前来说可以提高储蓄率，但最终总是要靠国内储蓄来偿还的。另外，来自外国的投资，国内还必须有与之配套的资金。所以，国内储蓄是投资最可靠的来源。

（三）税收与家庭储蓄

资本形成来自储蓄，因此，经济增长的问题也就是如何动员储蓄的问题。从储蓄的主体来看，可以是一国的家庭、企业和政府，也可以是外国的个人、企业和外国政府；从动员储蓄的方式看，可以是自愿的，也可以是非自愿的。但实际上，储蓄只是资本形成的先决条件，而不是充分条件，因为储蓄只表明了资本的供给方面。要形成物质资本，还必须有对资本的需求，即投资的愿望和投资的能力，也就是说，还必须把储蓄汇集起来用于投资。而税收对经济增长的作用就表现在其动员储蓄并诱导投资等方面。

家庭储蓄来源于家庭成员的收入中未被用于消费的部分。家庭储蓄水平受制于许多因素，其中，一个重要的因素就是家庭收入。按照凯恩斯的绝对收入假说，家庭储蓄直接依存于家庭现行的可支配收入，即家庭收入缴纳直接税后的收入。收入增加，消费会随着增加，但消费比收入增加得更慢，亦即边际消费倾向是递减的。因此，收入高的家庭平均消费倾向低，收入低的家庭平均消费倾向高。在一个国家的某个时期，收入较高的家庭比收入较低的家庭用于储蓄的部分较大。按照这种观点，收入的分配影响着储蓄率的高低。一般认为，在一个国家的经济发展初期，收入分配的不公平程度会加剧。此时的收入分配有利于储蓄，即能够增加家庭部门的储蓄能力和储蓄动力。

如果这个假说与事实相符，那么，从动员储蓄角度来看，发展中国家的税收政策，就应当通过调整税负在不同收入水平的家庭的分配，来影响家庭的储蓄能力。这也就是税收对储蓄所产生的收入效应。不同税收的累进程度的大小是决定其收入效应的重要因素。一般来说，累进程度较低的税收比累进程度较高的税收给储蓄带来的负担要轻。换言之，累进程度较低的税收更有利于动员家庭部门的储蓄。原因在于，它使得税收负担较少地落在边际储蓄倾向高的家庭中，因此，降低税收的累进程度有利于一国储蓄能力的提高。需要指出的是，税收的累进程度和税种存在一定的相关性，而这就造成了不同税种对储蓄能力影响的差异。就个人收入的征税来看，按公平税负原则，应当采取超额累进征收的办法。因为它是家庭可支配收入的最终调节者。个人收入越高，其纳税能力就越强，应适用的税率就越高。在这里，累进税率的所得税给储蓄和经济增长造成了障碍。这在发达国家表现得尤为突出。

因为这些国家的个人所得税是财政收入的主要来源之一。但是，在发展中国家，个人收入水平普遍偏低，个人所得税的征收面窄，远没有成为财政收入的主要来源，而是以商品和劳务为课税对象的间接税为财政收入的重要来源。尽管这种状况通常被认为有悖于公平原则，因为间接税对低收入者没有免征额，因而具有累退性质，即高收入者相对于低收入者来说，只是付出了收入的较小部分。但是，这样的税制结构由于对高收入阶层有利，客观上增强了他们的储蓄能力。

一些经济学家对绝对收入假说持反对态度。美国经济学家杜森贝利提出了相对收入假说。在杜森贝利看来，一个人所储蓄的数量，不但并不完全而且也许并不需要取决于他的实际收入的绝对水平，而是取决于他的收入同他可接触到的其他人的收入的比例。因为个人的消费行为是相互作用的。当人们接触到更高级的货物或者更高级的消费模式时，他们就会产生新的消费欲望，提高消费倾向，这就是"示范效应"。所以，人们生活水平的差距会促使消费倾向提高。收入分配的不平等程度加大后，会使平均储蓄率下降。这种示范效应不仅在国内存在，而且在世界范围内也起作用。发达国家的消费方式会影响到发展中国家的消费倾向，这也是发展中国家经济增长方面的一大障碍。

按照相对收入假说，为了限制人们消费倾向的提高，激发人们储蓄的动力，就应当对个人消费支出进行课税。由于消费支出税只就家庭收入中用于消费的部分课征，而用于储蓄的部分免于征税，因而认为对消费支出征税比对所得征税更有利于家庭储蓄的增长。所得税则不同。其课税对象是个人的全部收入，而不论这种收入是否用于支出。在这里，起关键作用的实际是支出税和所得税对储蓄报酬率的不同影响。因为相对于支出税，所得税存在一个对储蓄的"重复征税"问题。纳税人取得收入时，要缴纳所得税，而他在取得储蓄利息后，又必须纳税。从支出税来看，就不存在重复征税问题。因为它只对收入征一次税，即当这笔收入用于支出时才予以征税。在支出税条件下，个人储蓄的利息全部归个人所有，因此，储蓄的报酬率比所得税条件下要高。

需要进一步指出的是，税收对家庭储蓄的效应十分复杂，因而实际上不能孤立地分析税收对储蓄的影响。影响家庭储蓄的因素很多，除上述分析中涉及的收入分布状况和储蓄实际报酬率外，还有诸如生命周期动机、谨慎动机、遗产动机等等。例如，当获得收入的时间与消费需求不相吻合时，储蓄便提供了一种机制，使获得的购买力从一个阶段转移到另一个较早或较迟的阶段，诸如为支付学费而储蓄，为退休而储蓄等。而在这种情况下，所谓的重复征税问题并不显得那么重要。

(四) 税收与企业储蓄、政府储蓄

企业储蓄来自利润。企业实现利润扣除企业所得税后，为企业的可支配利润。这部分利润或是向投资者支付股息、红利，或者用于弥补亏损，或者用于职工福利、奖励，其余部分用于再投资。企业用于再投资的利润属于企业储蓄。

政府储蓄来源于政府经常性收入和经常性支出的差额。如果政府经常性收入超过了经常性支出，政府就实现了储蓄。由于政府财政收入大部分来自各种税收，而税收实际上是对家庭收入和企业利润的一部分扣除。因此，政府税收直接减少了家庭储蓄和企业储蓄。可以认为，在一定程度上，政府储蓄和家庭储蓄、企业储蓄之间存在着互为消长的关系。但是，这种消长关系

并不构成严格的互补关系。在一些经济学家看来，政府税收收入的边际消费倾向比家庭和企业用来纳税的收入的边际消费倾向要低。如果这个结论是正确的，那么，税收的增加，就可以达到动员储蓄的目的。

在经济发展水平既定的条件下，税收收入的增加，可通过改革税制结构和提高税收的征收比率实现。税制结构主要是直接税和间接税的格局。目前，经济发达国家大多以直接税为主体税种，尤其是其中的个人所得税，在整个税收收入中占有很高的比重，而且大都采用累进课税办法，边际税率递增，因而税收的收入弹性大于1。但是，经济落后国家的税收收入对间接税的依赖程度很高。在发展中国家，间接税之所以成为财政收入的主要源泉，一是从管理方面看，这些税种的征管难度较小。因为它们仅仅集中于商品的销售、劳务的提供和商品的进口环节；二是落后国家的个人收入水平较低。虽然许多发展中国家对高收入者征税的边际税率接近发达国家，但由于豁免较多，而且对较小数额的收入税率也特别低，因而使得应该交纳个人所得税的人很少，个人所得税在整个税收收入中的比重也就很低。而公司所得税目前大部分国家都按比例税率课税。此外，由于间接税采用的也是比例税率，甚至在许多情况下采用定额税率，因此，发展中国家的税制结构缺乏这样一种内在制：当国民收入增加时，边际税率大于平均税率，税收占民收入的比重自动提高，从而使得发展中国家的政府为了保证财政收入占国民收入比重的提高并增加储蓄，往往只能提高税率。

经济学家们广泛承认，如果一个国家能够比较容易通过金融体系来动员私人储蓄，那么，税收比率的高低就不是主要问题。因为资本形成的总的问题就是要使实际收入的增量尽可能多地储蓄起来，尽可能少地用于当前消费。

（五）税收与国内投资

在自然经济条件下，储蓄常常以实物形态出现。如农民开垦土地，开沟排水或修筑仓库，生产者积累存货，或者所有者自建房屋。随着自然经济向货币经济转化，储蓄活动和投资活动逐渐分开，即储蓄和投资分别由不同的主体来进行。这时，储蓄只表明了资本的供给方面，即储蓄仅仅是资本形成的必要条件，而实际的资本形成还要取决于对资本的需求。资本的需求由对投资者的刺激所决定。一些经济学家甚至认为，在经济发展初期，成为资本形成主要障碍的可能不是储蓄而是投资，具体体现为投资的愿望和能力，即对资本的有效需求。不愿意投资的因素很多，可能是由于对经济前景估计不乐观；也可能是由于国内缺乏某种有利可图的资本形成所必要的条件，如生产要素的供给、配套的基础设施或产品的市场等。这时，政府可以通过税收手段激励投资，促进储蓄转化为投资。否则，如果经济是开放的，资金所有者就可能不在国内投资而使资金流向国外。

这里所指的投资，既可以是对资本品的直接投资，也可以是对有价证券的间接投资。尽管投资行为受到多方面因素的制约，但投资收益无论如何都是投资者考虑的首要因素。而投资收益无论是直接的还是间接的，在很大程度上都要受到税制的影响。

（六）税收与外国投资

外国资本的流入可以使一国的投资水平不受国内储蓄能力的约束。美国经济学家钱纳里和斯特劳特在20世纪60年代中期提出的"两缺口模型"，从理论上说明了发展中国家利用外国资本来弥补国内储蓄不足的依据。

在宏观经济分析中，引入国外部门后，有如下的国民收入核算恒等式：

$$C+S+T+M\equiv Y\equiv C+I+G+X$$

式中：X为出口总值，M为进口总值。

在$T=G$时，上述等式可变换为：

$$I-S=M-X$$

其中，$(I-S)$为投资和储蓄的差额，$(M-X)$为进口和出口的差额。这表明，如果国内需要的投资大于储蓄，则国内出现了储蓄缺口，这个缺口要靠进口大于出口的外汇缺口来平衡。而为了弥补外汇缺口，就必须有某种无需付现的外汇流入，由此也就形成了国际间资本的转移，即外国资本的流入。为了吸引外国资本的流入，东道国应当尽可能地建立起与之相配套的基础设施。此外，税收也是一种激励外国投资的较好手段。

一般来说，外国投资者的资本投向，是根据他们在不同国家投资所获得的税后利润的多少来决定的。但是,并不是东道国的税率越低越能够吸引外国投资,因为外国投资者作为跨国纳税人,东道国按属地原则对它征税后,居住国往往还要按属人原则对它征税。因此,投资者谋求的是在东道国和居住国纳税后的利润最大化。东道国对外国投资者采取低税政策在多大程度上有效,取决于居住国征税时对待已在外国交纳的税款是如何处理的。居住国对来自外国的收入征税时,对纳税人在东道国的已税收入可采用免税法、扣除法或者抵免法进行计税。采用免税法计税时,居住国政府对投资者来源于东道国的利润免予征税。这时,外国投资者最终得到的税后利润完全由东道国的税率来决定。而采用扣除法计税时,居住国政府允许投资者从应税所得额中扣除其在东道国已交纳的税款。这时,外国投资者最终得到的税后利润,与东道国税率的高低呈反方向变化。在上述两种情况下,东道国对外国投资者采取低税政策,外国投资者是直接的受益者,低税的好处完全或部分地为投资者所得到。而采用抵免法计税时,居住国政府对纳税人来自国外的所得计税时首先不考虑已在国外交纳的税款,而是先计算出一个税额,然后从该税额中减去已在国外交纳的税款。不过,在国外的已纳税款有一个最高抵免额。在采用比例课税的情况下,该抵免额就是纳税人在东道国的所得额按居住国税率计算的税额。在这种情况下,东道国如果采取低税政策,投资者并不能从中得到益处,因为低税的好处被居住国的纳税义务增加所抵消,结果只是收入从东道国政府转移到了居住国政府。这时,东道国应当以与居住国相同的税率向外国投资者征税,而同时采用补贴的办法来吸引外国投资。

因此,单纯从吸引外国资本的角度来看,东道国似乎应当对来自不同国家的投资实行不同的税收政策。但是,从公平税负的角度看,来自各类国家的投资者都是处于同等地位的。这时,东道国对外国投资所得税率的选择应置于各居住国税率的最高者与最低者之间,同时,还要考虑本国企业所适用税率的具体情况。其基本原则是,既能够使外国投资弥补国内所需投资与储蓄的缺口,又能使外国资本给国内带来附加价值。

二、税收与经济稳定

(一) 市场机制与经济稳定

经济的增长必须在一个稳定的经济环境中进行。这种稳定,以充分就业和物价水平的稳定为主要内容,并集中地表现为总供给和总需求的平衡关系。但在市场机制的自发作用下,充分就业和物价稳定并不能自动地出现。因此,为了避免经济活动水平的大幅度波动,出现通货膨胀或停滞状态,政府必须制定出一整套的宏观经济政策来调节社会总供给和总需求的关系,以消除经济中的不稳定因素。而这对于发展中国家的经济来说显得尤为重要。因为与发达国家的经济相比较,发展中国家的经济波动幅度往往更大。税收作为一个政府掌握的经济政策手段,可以与其他财政政策手段配合,共同为国民经济的运行和发展创造出一个稳定的经济环境。

在商品经济条件下,总供给和总需求分别表现为市场供给和市场需求。总供给和总需求的不平衡实际上就是市场供给和市场需求的不平衡。市场机制本身具有一种使总供给和总需求趋于平衡的力量,这种力量在一定程度上可以使经济处于稳定状态,缓和经济的波动。

如果暂不考虑政府部门,那么,在一个由居民和企业组成的两个部门经济中,总供给和总需求平衡的条件为:

$$C+S=C+I$$

即 $S=I$

因此,当企业生产出一定数量的消费品和投资品后,总供给和总需求的平衡状况就取决于储蓄是否能完全转化为投资。不管是发达国家经济还是发展中国家经济,要使总供求达到平衡,都必须满足投资等于储蓄这一必要条件。但由于决定储蓄和投资的因素各不相同,因此,储蓄和投资并不是在任何情况下都是相等的。

当储蓄大于投资时,表明有一部分收入没有转化为支出,企业有一部分商品卖不出去,因而存货增加,商品积压。正由于市场的商品供给过剩,物价总水平就会下跌,相应地,企业就会缩减生产。从货币与商品的关系看,表现为较少的货币追逐较多的商品，货币的供应显得不足，货币的价值就会上升，导致利息率下降。在这种情况下，投资者会增加投资，消费者会减少储蓄而增加消费，供求自行调节的结果将使总供给和总需求趋于平衡。当储蓄小于投资时，表现为总需求膨胀，物价水平上升，货币价值下降，市场利率提高。在高利率刺激下，投资者减少投资，消费者增加储蓄，最终把膨胀的需求压下来，恢复供求平衡。

但问题是，即使总供给和总需求在量上已达到平衡，在结构方面也可能会存在矛盾。例如，消费资料的供给和消费品的需求不平衡，投资品的供给与投资品的需求不协调。这时，通过市场机制的作用会把一部分消费基金转化为储蓄，从而转化为投资，或者把一部分储蓄转化为消费，使消费需求、投资需求在量上和消费品、投资品的供给大体相等。

（二）税收与经济稳定

上述分析是建立在市场机制充分发育和市场功能比较健全的假设之上的。但是，在发展中国家，市场机制充分发挥作用的条件并不完全具备。市场体系不完善，价格、利率等参数没有真正成为市场机制发挥作用的信号。同时，消费者和企业对市场信号的反映能力差，缺乏及时调整经济行为的动力和能力。因此，市场自动调节总供给和总需求平衡的功能受到了限制。为了维持经济的稳定，发展中国家一方面要通过发展经济来促进市场机制的发育和成熟，另一方面还要针对市场机制不能充分发挥作用而采取相应的宏观调控措施。税收政策就是促进经济稳定的一项重要措施。

如前所述，在包括政府部门在内的三部门经济中，总供给和总需求平衡的条件为：

$$C+S+T=C+I+G$$

即 $S-I=G-T$

和二部门经济相比较，总供给和总需求平衡条件又增加了税收和政府支出这两个因素。如果储蓄和投资不相等，则可通过调整政府的收支活动使总供求达到平衡。例如，储蓄大于投资时，可以通过税收小于政府支出来弥补这一缺口。反之，可以通过税收大于政府支出来调节总供求的平衡。

三、税收与收入分配

(一) 市场经济中的个人收入分配

在市场经济中,个人收入的分配一般是按商品交易和市场价格的方式进行的。个人收入的多少,一是取决于他所拥有的生产要素的状况;二是取决于这些生产要素在市场上所能获得的价格。

由于各人所拥有的生产要素在数量和质量方面存在着较大的差异,因而他们所获得的收入是不同的。拥有大量生产要素并在市场上取得较高价格的个人可得到很多的收入,甚至是巨额的收入;反之,则只能得到较少的收入。因此,按照市场原则来分配收入,会使一部分人的收入低于最低生活需要水平,尤其是那些年老、残疾和失业者,他们的收入水平根本就无法维持生存。由于市场机制所形成的收入分配造成了个人收入分配的不公,从而需要政府运用税收和转移支付手段来对个人收入的分配进行调节和矫正。

(二) 税收对个人收入分配的影响

通过税收来调节个人之间的收入分配,缩小收入差距,实现收入分配的尽可能公平,可以从两方面进行:一是从收入的来源方面减少个人的可支配收入;二是从个人可支配收入的使用方面减少货币的实际购买力。

具体来说,个人所得税直接调节个人的可支配收入,而且是以累进方式课征的。这种税收只要税率结构得当,征管得力,便能够较好地起到收入再分配的作用。而对商品销售课税,则是从个人收入的使用方面减少货币的实际购买力,以调节个人可支配的实际收入。尽管销售税实行比例税率,但是,购买者所负担的税额相对于其收入来说,并非是成比例的,因此,它具有收入再分配的功能。对生活必须品征收销售税,购买者所负担的税额相对于其收入而言,具有累退性。因为低收入者的必需品消费支出占其收入的比重往往很高,而高收入者的必需品消费支出占其收入的比重较低。因此,对必需品征收销售税,有悖于公平原则。而对奢侈品征收销售税,虽然购买者所负担的税额相对于其收入来说未必是累进的,但是,奢侈品的消费者大多为高收入者,而低收入者一般无法企及,因此,税收实际上是由高收入者负担的。这使得奢侈品销售税的征收,有利于实现收入分配的公平。

同时,在市场经济体制下,由于个人拥有的资本等生产要素可以参加收益分配,并据此获得各种收入,因此,开征财产税、遗产税和赠予税等税种,也可以在一定程度上调节收入分配的差距。

但是,造成收入分配不公的原因是多方面的,因此,仅仅依赖税收手段来调节收入分配是不够的。一般来说,税收只能减少高收入者的收入,而对低收入者或无收入者,税收并不能够增加其收入。因此,税收手段还必须与转移支付等手段相配合,才能有效地实现收入的公平分配。况且,有一部分人的收入畸高,是因为市场不完善,法制不健全而获得的,因此,如何规范市场秩序,创造平等竞争环境,也是十分重要的公平收入分配的重要手段。

第三章 税收的原则

第一节 税收原则理论的发展脉络

一、传统西方税收原则理论

税收原则理论起源于17世纪的英国,其最早提出者是英国古典政治经济学的创始人威廉·配第。但税收学界普遍认为,第一次将税收原则提到理论高度,进行明确、系统阐述的是18世纪英国古典政治经济学家亚当·斯密。此后,随着资本主义经济的发展,税收原则理论经过不断充实和深化,形成了具有历史阶段性和连续性的各种税收原则理论。

(一) 威廉·配第的税收原则理论

威廉·配第是英国古典政治经济学的创始人,一生著述颇丰,其税收思想主要体现在代表作《赋税论》和《政治算术》之中。配第深刻分析了税收与国民财富,税收与国家经济实力之间的关系,并针对当时英国税收制度的种种弊端提出了税收应遵循公平、便利和节省的三个原则。

在配第提出的税收三原则中,首要的原则是公平。他指出,征税并没有"依据一种公平而无所偏袒的标准来课征,而是听凭某些政党或是派系的一时掌权来决定"。当时,人们普遍认为,社会与有机体的功能类似,贵族被视为心脏,平民被视为有机体的次要器官,在这种等级秩序下,平民向贵族纳税体现了神的意旨,是天经地义的事情。但是,配第打破了这种等级观念,提出公平负担税赋原则,并认为"公平"就是对任何人、任何团体"无所偏袒"。

当时的赋税往往采用包税制,配第认为,包税的方式违背了公平和确实原则,而只准用货币形式缴纳税款是不便利的,还会带来浪费。因此,从纳税人的角度看,征税手续不能过于繁琐,应尽量给纳税人以便利,方法要简明;从征税机构的角度看,征税费用不能过多,应尽量注意节约。

(二) 尤斯蒂的税收原则理论

继威廉·配第之后,德国官房学派代表人物尤斯蒂站在国家观的立场上研究如何适当征税。在其《财政学体系》一书中,他首先给出了捐税的定义,认为捐税是当王室领地和特权项下的收入不足以应付国家的必要支出时,人民不得不就其私有财产和收益按一定的比率作出的支出。在此基础上,尤斯蒂就征收税赋的方法提出了六个原则:一是课税方法应促进国民自发纳税,强调赋税应当自愿缴纳,以维护人民生活和保障私人的基本财产。二是赋税不得侵犯臣民合理的自由和增加对产业的干预。即税收不得妨碍纳税人的经济活动,而且是实属必要的场合时,国家才能征税。三是赋税应该平等课征,做到公平合理。四是征税应有明确的法律依据,要迅速确实。五是挑选征收费用较少的物品课税。六是纳税手续简便,税款分期缴纳,时间安排得当。值得注意的是,尤斯蒂所提出的六原则中,其核心是确保国库收入原则。

(三) 亚当·斯密的税收原则理论

第一次将税收原则提升到理论高度,明确、系统加以阐述的是英国古典政治经济学家亚当·斯密。斯密处于资本主义上升时期的自由竞争阶段,他从经济自由主义立场出发,在《国民财富的性质和原因的研究》一书中,提出了著名的税收四原则。

1. 平等原则

即国民应依其纳税能力以及在国家的保护下所得收入的多少来确定纳税的额度。斯密认为,一切国民,都须在可能范围内,按照各自能力的比例,即按照各自在国家保护下享得收入的比例,缴纳国赋,以维持政府。税收应保持中立,不能因征税而改变财富分配的原有比例。

2. 确实原则

斯密指出，国民应当缴纳的赋税，必须是确定的，不得随意变更。纳税的日期、方法、数额，都应当使一切纳税人及其他人清楚明白地了解。只有纳税事项确实，纳税人才能有章可循，税吏才不会任意武断。

3. 便利原则

斯密认为，各种赋税完纳的日期以及方法，须予纳税人以最大的便利。纳税时间应尽量选择在纳税人获得纳税所得之后，这样纳税人既不会感到纳税困难，国家也可及时获取税收收入；纳税方法应力求简便易行，不使纳税人感到手续繁琐；纳税地点应选择在交通便利的场所，方便纳税人纳税；纳税形式应尽量选择货币形式，避免纳税人因运输实物而增加额外的税收负担。

4. 最少征收费用原则

斯密强调，一切赋税的征收，须设法使人民所付出的，尽可能等于国家所得。在税收征收过程中，国家的收入额与纳税人所缴纳的税额之间的差额越小越好，也即税务部门征税时所耗用的费用越低越好。要达到这一目的，政府应控制征税机构的规模，对纳税人进行适度检查，对逃税者加重处罚力度以增加逃税成本。

（四）西斯蒙第的税收原则理论

西斯蒙第是法国古典经济学的完成者，其生活的时代正处于资本主义经济发展时期。西斯蒙第从发展资本主义经济的观点出发，在肯定斯密提出的税收四原则的基础上，提出了国家征税的量的界限，即对穷人要免税，以维持其基本生活的需要；对富人也不能重税，以避免出现资本外逃。同时，还提出了国家筹集税收收入的质的界限，即国家任何时候都要以轻税为目标，政府应针对收入纳税，税种应该多样化。由此，西斯蒙第补充和发展了亚当·斯密的税收原则理论，增加了四条税收原则。

第一，以收入而非资本作为课税对象。他认为，对资本课税就是"毁灭用于维持个人和国家生存的财富"。

第二，不应以每年的总产品作为课税标准。因为总产品中除了年收入之外，还包括全部流动资本。必须保留这部分产品，以维持或增加各种固定资本。

第三，对穷人免税。他认为，赋税是公民换得享受的代价，所以，不应该向得不到任何享受的人征税。也就是说，永远不能对纳税人维持生活所必需的那部分收入征税。

第四，赋税应避免使资本外逃。

此外，为了适应资本积累的要求，他着力倡导轻税的原则。西斯蒙第的税收原则理论，在一定程度上揭示了税收与经济之间的本质联系，补充了亚当·斯密在经济方面的空白，是一种新的贡献。

(五) 萨伊的税收原则理论

萨伊是法国资产阶级庸俗经济学的创始人，在他的《政治经济学概论》等书中详细阐述了其赋税理论。萨伊认为，国家最好的财政计划是尽量少花费，最好的赋税是最轻的赋税，而最好的租税或为害最小的租税应符合五个标准，即税收五原则。

第一，税率适度原则。因为征税会减少收入，收入减少必然导致对产品需求的减少，进而减少供给，使课税对象减少。他认为，这就是税率增加而税收并不比例增加的原因。

第二，节省征税费用原则。萨伊认为，税收应在最少程度上烦扰纳税人，而且不增加国库负担。

第三，各阶层人民负担公平原则。

第四，最小程度妨碍再生产原则。萨伊认为，所有租税都有害再生产，因为它阻止生产性资本的累积，并最终危害生产的发展，因而他赞成对资本课以轻税。

第五，有利于国民道德提高原则。即课税还要注意社会效应，促使人们勤劳，鼓励节约。

萨伊的税收五原则，基本上继承了斯密的税收原则理论。可以看到，他认为税收基本上都会妨碍社会的再生产，但同时税收又是不可避免地客观存在。要处理这一矛盾，就是降低税率，使税收对再生产的影响降至最低，并主张采用累进税率。此外，萨伊的贡献还在于他第一次提出国家应将税收作为一种调控国民行为的工具，并在制定税制时有目的地予以贯彻使用。

（六）瓦格纳的税收原则理论

瓦格纳是德国社会政策学派的代表人物。19世纪下半叶，资本主义正由自由竞争阶段向垄断阶段过渡，阶级矛盾激烈，分配严重失衡。为缓和矛盾，以德国一些大学的教授为代表的学者提出了社会改良思想。瓦格纳在其代表作《财政学》和《政治经济学》中强调，税收不仅要满足财政需要，而且要树立社会政策的目标，用以干预和调节国民所得及财产的分配，纠正分配不公。在总结前人税收原则理论的基础上，他系统地提出了建立税制的四大项九小点原则，被通称为"四端九项原则"。

1. 财政原则

瓦格纳认为，税收应以满足国家实现其职能的经费需要为主要目的，具体来说有两个要义：一是收入充分原则。随着社会经济的发展，国家职能不断扩大，国家财政支出总是不断增长。为此，税收应充分满足国家财政支出不断增长的资金需要。二是收入弹性原则。税收能随着财政需要的变动而相应增减，最重要的是，可以通过增税或自然增收相应增加财政收入。

2. 国民经济原则

即征税不能阻碍国民经济的发展，不应危及税源。在可能的范围内，应尽量有助于资本的形成，促进国民经济的发展。这一原则又包括两个具体原则：一是慎选税源原则。从发展经济的角度考虑，最好以国民所得为税源。若以资本或财产为税源，则可能打击投资，侵蚀国民经济发展的基础。但出于经济或社会政策的需要，可以适当选择某些资本或财产作为税源。二是慎选税种原则。选择税种时要考虑税负转嫁因素，尽量选择难以转嫁或转嫁方向明确的税种，因为这关系到国民收入分配和税负公平。

3. 公正原则

也叫社会正义或政策原则。税收负担应当在各个人和各个阶级之间公平分配，因而要通过税收矫正社会分配不公。公正原则又分为两个具体原则：一是普遍原则。国家征税应遍及社会上每个成员，不能因身份或社会地位的不同而有所区别。二是平等原则。应根据纳税人纳税能力的大小征税，使纳税人税负与其纳税能力相称。

4. 税务行政原则

又称课税技术原则。税务行政原则又细分为三点：一是确实原则；二是便利原则；三是最少征收费用原则。

瓦格纳实际上是将斯密的税收四原则扩大化，并主张以税收作为调节财富与收入的再分配，降低贫富差距的工具。相比之下，瓦格纳的税收原则思想更加积极，更加完善。正因如此，瓦格纳被认为是税收原则理论的集大成者。

二、现代西方税收原则理论

从传统西方税收原则理论的历史沿革来看，税收原则理论一直在发展，并表现出一定的历史阶段性。综观税收原则学说，每一历史发展阶段税收原则的含义都包括公平原则和税务行政原则。随着资本主义的发展，税收与经济之间的关系逐步得到重视，瓦格纳甚至认可税收可以作为调节经济的工具，这在市场可以自动调节经济理论大行其道的当时是十分离经悖道的。19世纪末，以马歇尔为主要代表人物的英国新古典学派进一步发展了税收原则理论。1890年马歇尔在《经济学原理》中，运用效用理论、消费者盈余和供需弹性等概念，首次详细研究了税收可能带来的效率损失，描述了税收的"额外负担"。因此，税收原则的含义真正意义上扩大为公平原则、管理原则和效率原则。

直到20世纪30年代，税收原则理论几乎没有得到发展。1929至1933年资本主义世界普遍爆发了严重的经济危机。凯恩斯经济理论应运而生，凯恩斯提出政府运用财税政策杠杆解决经济危机的政策建议在很多国家收到了很好的成效。从此，税收对经济的调控作用得到重视，税收的稳定功能也明确了下来。马斯格雷夫在1973年发表的代表作《财政理论与实践》中，对亚当·斯密以来的税收原则理论进行了总结归纳，提出了六项税收原则理论：一是税收分配应该是公平的，应使每个人都支付他"适当的份额"；二是税收的选择应尽量不干预有效的市场决策。也就是说，税收的"超额负担"最小化；三是如果税收政策被用于实现刺激投资等其他目标，那么，应使它对公平性的干扰尽量地小;四是税收结构应有助于以经济稳定和增长为目标的财政政策的实现;五是税收制度应明晰而无行政争议,并且要便于纳税人理解;六是税收的管理和征纳费用应在考虑其他目标的基础上尽可能地较少。这六项税收原则和马斯格雷夫提出的著名的"财政三职能说"正好对应。财政的配置职能对应于税收的效率原则,财政的分配职能对应于税收的公平原则,财政的稳定职能对应于税收的稳定原则,再加上税务行政原则,税收四原则被普遍认可。

第二次世界大战后至20世纪70年代初,西方发达国家经历了经济发展的黄金时期。但20世纪70年代中期开始,各主要发达国家遭遇了"滞胀"的困境。经济停滞与通货膨胀的政府干预机制自相矛盾,为解决这一难题,供给学派、货币学派、理性预期学派等纷纷给出政策建议。其中,供给学派以减税为主的一系列主张得到政府采用,有效地解决了"滞胀"问题并促进了经济增长。至此,税收调节经济的功能被广泛认可,并在税制优化理论中得到充分体现。1988年,美国著名经济学家斯蒂格利茨提出的最优税制原则是:一是效率原则,即税收不应过分干预资源的有效配置;二是管理原则,即税制应明确简便,易于管理;三是灵活性原则,即税制能较自如(甚至自动)适应变化的宏观经济环境,维持经济稳定与促进经济增长;四是公平原则,即税制应通过对纳税者的区别对待而实现公平的目标;五是政治性原则,即税制应反映纳税者的偏好与政府政策意向。其中,灵活性原则就是税收的经济稳定与增长原则。而且在税制优化理论中,税收原则与税制设计直接地、有机地结合了起来。经过200多年的发展沿革,税收原则理论形成了五原则框架:公平原则、管理原则、效率原则、稳定原则和增长原则。

不过,税制优化理论关于税收原则的表述更加简化。一般而言,建立在福利经济学理论基础上的税制优化理论以资源配置的效率性和收入分配的公平性为准则,也即税收原则表述为公平与效率两大基本原则。经济增长与稳定原则被归为效率原则,因为经济稳定与经济增长密不可分,只有稳定下的增长才是持续的、有效率的增长。管理原则,也即税务行政效率,同样设归为效率原则。从西方税收原则理论的发展历程可以看出,税收原则的发展演变与当时所处的社会经济状况密切有关。到现在，税收原则理论（税制优化理论）更加侧重税收经济意义上的内在原则：公平原则和效率原则。

值得一提的是，作为经济意义上的内在原则之一的财政原则是否应该引起足够重视？处于资本主义自由竞争时期的学者主张自由放任和充分竞争，认为政府是"廉价政府"，财政支出应当削减到最低限度，其理财思想中自然就没有把财政原则作为税收的一项原则。而当资本主义进入垄断时期后，市场失灵凸显，政府干预越来越多，要求政府必须有充裕的税收收入。随着经济的发展，税基日益丰富，税收收入似乎不成为问题，人们对课税的关注越来越集中于效率和公平上，税收原则理论中就没有再明确提出财政原则，但都是把保证一定的财政收入作为隐含的前提。例如，税制优化理论就是研究如何以最经济合理的方法征收税款，或者说在税款一定的前提下如何兼顾效率与公平。

税收的财政原则、公平原则和效率原则对任何国家都是相同的，只不过各项原则的具体内容因不同国家、不同时期的政治经济情况不同，其侧重点也有所不同。以下将对现代政府税制设计时遵循的三大原则：财政原则、效率原则、公平原则进行具体阐述。

第二节 税收财政原则

一、税收财政原则的演变

税收从其产生和发展的历史来看，整体上首先体现的是财政原则。在人类社会早期，税收活动的核心就是如何充分地满足王公贵族的消费需要，这个时期由于社会劳动生产力不发达，社会产品贫乏，可供政府选择的税源和课税对象较少，设置计税制、选择税种的主要依据和标准就是其财政功能的强弱。到了近现代，社会经济有了较大发展，社会产品日益丰富，政府课税具有较大的选择余地，因而税收理论的重心也发生转移，评价和选择税制、税种的依据不再仅限于财政收入功能，而是更多地考虑公平与效率的要求。

尤其是在自由竞争的资本主义市场经济条件下，避免课税对市场的干预以发挥市场效率的要求越来越高。随着经济的进一步发展，公平问题越来越突出，课税开始更多地考虑公平问题，形成了现代的公平原则。在当代，税收理论已较少涉及财政功能问题，很多经济学家认为满足财政需要已不再是主要的税收问题，政府课税应更多地考虑对经济社会进行合理、有效地调节。但是，多数国家面临的窘迫的财政预算和巨额的财政赤字的现实，使政府和财政学家又重新重视已被忽视的税收财政收入功能。

从税收实践看，尽管每一个税种的出现和发展都有其政治、经济、社会和文化传统等多方面的原因，但有很多税种，尤其是一些古老的税种，其产生的直接动因就是满足政府财政收入的需要。所得税的产生与战争密不可分。1799年英法战争中，英国为了应付战争费用的需要，当时的首相皮特首创了一种"三级税"——所得税的雏形。德国于1808年为筹集普法战争中的战败赔款而创设所得税；美国于1862年南北战争中创设所得税。最初的所得税只是局限于满足政府支出需要，采用单一税率，征收范围也有限，仅对富人征收。随着社会经济的发展和对所得征税实践经验的不断总结，所得税的收入再分配职能，以及对经济的宏观调节职能等才逐渐被认识与重视。现在，所得税已成为绝大多数发达国家的主要税种，在发挥经济社会调节作用的同时，在筹集财政收入方面也起到举足轻重的作用。而商品劳务税本身就是收入来源稳定的税种，财产税在奴隶社会向封建社会过渡时期，以及整个封建社会，曾经是各个国家的主要财政收入来源。当今社会，税收的财政收入功能依然应该认真加以考虑。如果离开财政原则，仅谈效率和公平原则，与各国税收管理的实践，尤其是发展中国家的税收管理实践是相差甚远的。

筹集财政收入是政府课税的重要目标，是税收管理实践活动的重要内容。这一点并没有因为时代的发展而改变，只是经济社会的发展扩充了税收的目标，使其在满足财政需要的同时，还要顾及效率和公平问题。

二、税收财政原则提出的必要性

第一，税收的财政原则是数量上的概念，是要不要征税以及征多少税的问题。而现在广为认可的效率原则和公平原则是质量上的概念，是关于怎么征税的问题。没有数量的需要，就根本谈不上质量的需要。数量的需要并不因质量的好坏而存在。从实际情况看，财政原则与效率和公平原则有些时候是一致的，也就是说，在体现效率和公平过程中同时也满足了政府财政需要；但也有很多时候是相互矛盾的。因此，仅仅把满足一定的财政收入需要作为税制设计隐含的前提是远远不够的。

第二，税收的财政原则是税收管理的直接原则或目标。把财政原则作为税收管理的目标提出来，体现了税收管理的特点，也分清了税收管理原则与政府管理原则和其他政府部门管理原则的区别。

第三，税收的财政原则是税收的本质要求。税收最本质的特征是国家凭借政治权力，依照法律规定，对纳税人强制征收，以满足社会公共需求和公共物品的需要。因此，税收最原始、最主要的目的是筹集财政收入，为政府支付一般经费。其他的目的都是在此基础上发展而来的。

第四，税收的财政原则也符合纳税人的利益要求。政府管理目标必须服务、服从于社会发展目标，也就是说，满足财政原则的税收并不是越多越好，有利于社会发展目标的必要数额内的税收数额即可。在现代民主政治下，这一必要数额由纳税人选举的代表纳税人利益需求的机构决定。

我国在一个相当长的时期内还将处于社会主义初级阶段，经济社会的发展需要政府提供更多的公共物品，政府长期面临着收入不足的压力，税收工作更是明确提出以收入为中心。因此，确定税收的财政原则对我国具有更加现实的意义。

三、税收财政原则的内容

税收财政原则是以满足国家财政需要为目标的税制准则，是税收最根本的原则。税收财政原则随着国家的出现而产生，各种税收制度的目的就是要获得满足国家支出需要的财政收入，税收是国家财政收入的主要来源。税收财政原则的内容包括收入充裕、收入弹性和收入适度三个方面。

(一) 收入充裕

收入充裕指税收收入必须充足、稳定、可靠，以满足财政支出的需要。这就要求设计税制体系要着眼于广开税源，选择合理的税制结构模式；选择税种应考虑课税对象能否提供丰裕的税源，特别是在确定税制中的主体税种时，应结合本国经济发展、人民收入水平以及征税难易程度等情况，合理确定符合本国实际的主体税种；调整税目、税率和制定减免税政策时，应充分考虑其对财政收入的影响。

税收收入充裕原则包括两层意义：一是税收收入的充足问题；二是税收收入的稳定问题。所谓充足的税收收入是一个相对的量的概念，是指税收要为政府筹集足额的资金，以满足政府向社会提供公共物品的财力需要。税收收入额度是由政府提供公共物品的财力需要决定的。同时，政府提供公共物品的财力也要受到税收收入的制约，政府既可以通过增加其收入而使税收收入不足转为充足，也可以通过减少政府经费支出等使税收收入不足变为充足。所谓稳定的税收收入是指税收收入要相对稳定，税收同国民生产总值或国民收入的比例应稳定在一个适度水平，不宜经常变动，特别不宜急剧变动，以避免税收对经济正常秩序的冲击。税收收入的稳定也是一个相对的概念，在经济发生重大变革，政府收支体系结构发生重大调整时，税收收入的稳定机制就有可能会被打破。

(二) 收入弹性

收入弹性是指税收收入必须具有随国家财政需要变化而伸缩的可能性。从经济意义上看，税收收入弹性表现为税收收入增长率与经济增长率之间的比率，公式为：

$$E_T = \frac{\Delta T/T}{\Delta Y/Y}$$

其中，E_T 表示税收收入弹性，T 表示税收收入，ΔT 表示税收收入变动数额，Y 表示国民收入（或国内生产总值等），ΔY 表示国民收入（或国内生产总值等）的变动数额。

税收收入弹性（E_T）在一定程度上反映税收收入对经济变化的敏感程

度。当 $E_T=1$ 时，说明税收收入增减变动情况和经济增减变动情况相同；当 $E_T<1$ 时，说明税收收入增减变动幅度小于经济增减变动幅度；当 $E_T>1$ 时，说明税收收入增减变动幅度大于经济增减变动幅度。一般认为，经济增长是一种常态，当 $E_T>1$ 时，意味着税收的绝对量在增加，税收占国民收入的比重也上升。

税收收入弹性的政策运用价值在于，税收具有稳定经济的功能，即所谓"自动稳定器"功能。根据税收自动稳定机制，当经济高涨，个人收入和企业利润水平上升，税收相应增加，税收的增加会抑制个人取得收入以及企业取得利润的积极性，从而熨平经济。税收对经济的自动反映和调节能力的大小取决于税收收入弹性系数的大小。

（三）收入适度

收入适度指税收收入在满足国家财政需要的同时，必须兼顾经济的承受能力，做到取之有度。在中国古代税收思想史上，儒家学派特别强调这个方面，并提出薄赋敛的主张；而法家学派则比较强调国家需要的一面，甚至提出"重税论"的观点。随着现代国家职能的扩大，国家财政需要相应增加，片面强调轻税政策而过分压缩财政支出已不可能；另一方面，片面强调满足国家财政支出需要，不顾客观经济的承受能力，实行重税政策也不可行。国家财政需要往往是无限的，而在一定时期内，社会产品或国民收入的增长是有限的，这就要求在设计税制、制定税收政策时，兼顾需要与可能，不能超越客观的限度。这个客观限度，从总量上说，就是税收占国民收入或国民生产总值的一定比例。由于各国社会制度和经济发展水平的不同，在通常情况下，税收保持与国民收入或国民生产总值的同步增长，大体是符合收入适度这一要求的。

第三节 税收公平原则

税收公平不仅仅是一个经济问题和社会问题，更是一个政治问题。在任何国家、任何时期，税收的公平性对维持税收制度的正常运转都是不可或缺的。由于公平本身就是一个极为复杂的问题，对"什么是公平"至今都还没有一个普遍接受的观念，因而具体到税收负担的公平分配问题上也没有公认的标准。

一、税收公平原则的内涵

税收公平原则指的是政府征税要使不同纳税人承受的税收负担与其经济状况相适应，并使不同纳税人之间的负担水平保持大体均衡。税收公平原则的基本要求是相同纳税条件下的同类纳税人，应当缴纳相同的税，不同纳税条件下的纳税人，应缴纳不同的税，这就是所谓的"横向税收公平"和"纵向税收公平"。横向税收公平与纵向税收公平要达到的目标是有所不同的。横向税收公平的主要目的是确保税制公平的实现，而纵向税收公平则致力于实现收入分配公平。

无论是横向税收公平，还是纵向税收公平，都蕴含着一定的价值判断。明确到底应当用什么样的价值判断标准来衡量税收公平，是使税收既做到横向公平又实现纵向公平的重要前提。在税收学史中，衡量税收公平的标准，主要有受益原则和支付能力原则两种不同的主张。在不同的原则下，税收负担公平分配的标准完全不同。受益原则立足于纳税人"获得"这一基点来衡量税收公平，而支付能力原则主要是从纳税人"失去"的角度来分析税收公平。

二、受益原则

受益原则源于税收根据理论中的"利益说"。它把纳税人向政府缴纳税款与政府向社会成员提供公共产品和服务看成一种类似于市场交易的过程，并进而认为政府之所以能够向纳税人课税，主要是因为纳税人从政府提供的公共产品和服务中获得了利益。正因为税收被视为政府提供公共产品和服务的价格，每个人都根据自身的偏好来评价政府提供的公共产品和服务，并按从中获得的边际效用来进行相应的支付，所以税收负担在不同纳税人之间的分配只能以他们从政府提供的公共产品和服务中的受益为依据，即每个社会成员承担的税收负担应当与其从政府提供的公共产品和服务中的受益程度保持一致，受益相同者负担相同的税收，受益不同者负担不同的税收，受益多者多纳税，受益少者少纳税。

受益原则具体可以细化为以下三个方面：第一，一般受益原则。在严格的受益原则下，每个纳税人缴纳的税收都应当与其对政府提供公共产品和服务的需求相一致。然而，由于每个人对公共产品和服务的偏好不同，因而也就没有一个能够适用于所有人的一般税收规范。第二，特定受益原则。要实行受益原则，就必须知道每个纳税人从政府财政支出中受益的多少，但真正做到这一点，只限于某些特定的场合。特定受益原则要求对政府提供特定公共产品和服务的使用者，按照受益程度的大小来课税或收取费用。第三，间接替代征收原则。直接衡量纳税人从某种公共产品和服务中得到多少利益，存在技术上的困难，所以在一些场合下，受益原则往往会以间接替代的方式来实现。如政府出资修建公路，但直接对公路的使用征税较为困难，而汽车、汽油以及一些与汽车相关的产品又与对公路的使用存在直接的关联，于是就可以征收汽油税、汽车税和其他汽车产品税作为对公路使用的间接替代征收。

受益原则的突出特点在于它既考虑了政府为什么要征税，又考虑到政府财政支出的用途，从而直接把纳税与受益、税收与政府财政支出联系起来，这就保证了政府以最低的成本来提供公共产品和服务。在受益原则下，衡量社会成员福利水平变动的标准随特定的税收—支出结构而定。当政府提供某种特定的公共产品和服务时，就要依据社会成员的受益情况收取一定的税收或费用。因此，从某种意义上说，受益原则不仅适用于税收负担的分配，也适用于评估整个税收—支出结构。

尽管从理论上看受益原则具有较强的解释力，但它在实践中却有很大的局限性。受益原则的有效实现，要求每个纳税人缴纳的税收与其对公共产品和服务的需求一致，或者必须确定每个纳税人从政府财政支出中到底享受了多少利益。但是在现有和将来相当长一段时间内的技术条件下，政府财政支出带来的利益实际由谁获得、获得多少，还难以准确进行测度。这无疑使得按照受益原则在不同纳税人之间分配税收负担，很难大规模地付诸实施。也就是说，受益原则在现实中的应用，在相当大程度上受到了公共产品和服务所固有的共同消费性特征的限制。此外，政府提供的部分公共产品和服务的成本或与其相关的财政支出也无法按照受益原则来分担。有的公共服务（如社会保障）的受益人主要是中低收入者，这些受益人群取得的收入相对较低，拥有的财产也不多，有的甚至根本就没有负担能力，但根据受益原则却应该向他们多征税，这显然有悖于公平原则。这些都决定了按受益原则进行税收负担的分配，在总体上是行不通的。虽然受益原则不具有普遍意义，但这并不排除其在特定场合仍可以用来解决税收公平中的部分问题。

三、支付能力原则

支付能力原则要求按照纳税人的支付能力或者负担能力来分担税收，支付能力大者多纳税，支付能力小者少纳税，支付能力相同者负担相同的税收，支付能力不同者负担不同的税收，它也常常被称之为"量能课税原则"。支付能力原则的运用，首先要解决的是如何选择测度不同纳税人支付能力或负担能力的标准问题。从理想的角度看，这一标准应该能够反映纳税人从所有可供其选择的机会中得到的全部福利，包括当期和未来的消费、财富占有以及对闲暇的享受等，但这种全面的衡量标准很难找到。对在实践中到底用什么作为衡量纳税人支付能力的标准，理论界一直就有"客观说"和"主观说"两类不同的认识。

（一）客观说

"客观说"认为，应当以纳税人拥有财富的多少作为测度其支付能力的标准。由于收入、财产和消费都可以用来体现纳税人拥有财富的多少，因而纳税人支付能力的测度也有收入、财产和消费支出三种标准。

1. 收入

收入体现了一定时期内纳税人对经济资源的支配权，它决定着纳税人在特定时期内增添财产或增加消费的能力，所以许多学者都认为收入是衡量纳税人支付能力的重要标准，收入多者，其支付能力就要大一些，反之则小一些。

将收入作为纳税人支付能力的衡量标准，尽管已被绝大多数国家所采用，但也存在一些问题：第一，纳税人的收入一般是以货币收入来计算的，而许多纳税人除了货币收入外，还有一些实物收入。实物收入的取得，也意味着纳税人实际支付能力的提升。只对货币收入征税而不对实物收入征税，显然是不公平的。然而，在具体的征税活动中，不同形式实物收入的度量又缺乏一个客观的标准。第二，纳税人取得收入的渠道有多种，既有勤劳所得，也有不劳而获的意外所得或其他所得，如资本利得和赠与所得等。如若对这些不同来源渠道的收入不加区别地征税，也有失公平。第三，纳税人的支付能力还受其他一些因素的影响，如对个人收入征税，一个单身汉的支付能力与一个有着同等数额收入但需要抚养子女的人的支付能力明显是有差别的。综上所述，收入并不是衡量纳税人支付能力足够精准的标准。

2. 财产

财产也代表着纳税人一种独立的支付能力。一方面，纳税人可以利用拥有的财产来获取收入；另一方面，纳税人通过遗产的继承或财产的获赠而增加的财富，同样可以增强其支付能力，所以财产也被认为是衡量纳税人支付能力的一项重要指标。

以财产来衡量纳税人的支付能力，也存在一些不足：第一，数额相等的财产未必会给纳税人带来相同的收益，仅按财产的数量来征税，显然是不公平的。第二，拥有财产的纳税人各自的情况也不相同，有的纳税人在拥有财产的同时还有负债，有的纳税人却没有负债，有的纳税人拥有的财产中不动产所占的份额大，有的纳税人却是动产所占的份额大，很难用一个统一的标准来度量财产。第三，现实生活中财产的种类繁多，难以准确查实和评估，这也限制了以财产作为标准进行税收负担分配的广泛应用。

3. 消费支出

由于按照收入的多少来确定税收负担的分配，在一定程度上是在鼓励消费而不利于储蓄和投资，更为重要的是，消费支出体现着纳税人对经济资源的实际使用或占有，所以也有学者认为将消费支出作为衡量纳税人支付能力的标准更为合适。一定时期内的消费支出越大，意味着纳税人的支付能力也就越强,自然就应当缴纳更多的税收;反之,则只需缴纳较少的税收。以消费支出作为衡量纳税人支付能力的标准来征税,不会使纳税人在当前消费和未来消费之间的选择产生扭曲,也有利于储蓄和经济增长。

以消费支出作为测度纳税人支付能力标准的不足之处,具体表现在:第一,由于不同纳税人的消费倾向各不相同,假如都以消费支出来确定支付能力的话,也会产生不公平,因为总会有一部分高收入者因为某种原因而不消费或消费不多。第二,在消费支出标准下,只有在纳税人进行消费后,政府才能征税,如果纳税人不消费或者延迟消费,这就有可能使得政府难以及时筹集到足额的税收收入。

(二) 主观说

"主观说"认为,政府征税使纳税人的货币收入减少、满足程度降低,即纳税人牺牲了效用,因而对纳税人支付能力的衡量应以每个人因纳税而感受的效用牺牲程度为标准。如果政府征税使每个纳税人的效用牺牲程度相同或均等,那么税收便达到了公平;否则,就是不公平的。根据效用牺牲程度来确定税收负担的分配,也需要测度纳税人所牺牲的效用,并进行比较。由于人们对公平有着不同的理解,"主观说"又形成了绝对均等牺牲、比例均等牺牲和边际均等牺牲三种不同的标准。

1. 绝对均等牺牲标准

绝对均等牺牲标准认为,不同纳税人牺牲的总效用量应是相等的。也就是说,不管纳税人收入的高低及其边际效用的大小,其牺牲的总效用量都应当是相等的。

在绝对均等牺牲条件下,税收负担如何在不同纳税人之间分配,取决于收入的边际效用。倘若纳税人收入的边际效用恒等不变,那么所有纳税人应当缴纳相同数额的税收,这时采用的税率应是按人头征收的固定税额。但是,纳税人收入的边际效用一般被认为是递减的,高收入者收入的边际效用相对较低,而低收入者收入的边际效用相对较高,因此高收入者应当负担更多的税收,而低收入者应当负担更少的税收。

2. 比例均等牺牲标准

比例均等牺牲标准认为，不同纳税人因纳税牺牲的效用量与纳税前的总效用量之比应当是相等的。

在比例均等牺牲条件下，若纳税人收入的边际效用恒等不变，则意味着纳税人因纳税牺牲的效用量与纳税前的总效用量之比等于应纳税额与税前全部所得之比，此时应当采用比例税率来征税。而在收入边际效用递减的条件下，按同一比例征税，就会使高收入者牺牲的效用与其税前总效用之比低于低收入者牺牲的效用与其税前总效用之比；为了使两者效用损失与税前总效用之比相等，对高收入者征税的税率就应高于对低收入者征税的税率，即要求课征累进税。

3. 边际均等牺牲标准

边际均等牺牲标准要求每个纳税人纳税的最后一个单位货币的效用应当是相等的，因为当不同纳税人边际效用的牺牲相等时，从全社会来看各纳税人因纳税而牺牲的总量是最小的，它亦称为"最小牺牲"学说。

在边际均等牺牲条件下，若纳税人收入的边际效用恒等不变，那么税收负担的分配难以确定，因为纳税人负担任何比例和数额的税收，其边际牺牲都是相同的。若纳税人收入边际效用是递减的，便要求实行累进课税，并且累进程度也较高，甚至要求实行100%的边际税率才能达到边际牺牲相同。

上述三种纵向公平的标准，在税收制度中实际上都很难付诸实施，因为在当前技术条件下还无法准确测度"效用"。但就实际影响而言，边际均等牺牲标准相对来说更为周到，所获得的评价较其他两种标准也更高一些。为了实现税收的纵向公平，各国较为通行的做法是根据纳税人收入的多少分档实行累进税率，或者是对奢侈品课以重税、对生活必需品课以轻税或免税。

在进行税收负担的分配时，支付能力原则没有与公共产品和服务的提供有机地联系起来，而仅从税收自身来考虑问题，所以支付能力原则在理论上看是不能令人满意的。尽管如此，但支付能力原则却较好地解决了不同纳税人之间的税收再分配问题，而且从实践的角度看，支付能力原则具有相当的可行性，也较受益原则更具可操作性，因而在世界各国得到广泛运用。

第四节 税收效率原则

在现实生活中,政府的征税行为不可避免地会给社会经济运行和纳税人带来一定的影响,往往并不仅仅局限于使相应数额的经济资源由私人部门转移到政府部门,即税款形式的负担,它还包括非税款形式的负担。税收的效率原则要求政府征税活动应尽可能地缩小非税款形式的负担。根据非税款形式负担的具体构成,税收效率原则被区分为税收的经济效率原则和税收的行政效率原则。

一、税收的经济效率原则

政府征税对市场机制的正常资源配置造成损害,是非税款形式负担最主要的内容。税收的经济效率原则,在承认政府征税会引致效率损失的前提下,要求将这种效率损失尽可能地最小化。

(一)税收超额负担

税收干扰市场机制形成的资源配置产生的效率损失,一般称被为"税收超额负担"或"税收额外损失"。

1. 税收超额负担的内涵

税收超额负担是政府征税导致社会福利损失大于政府所取得的税收收入的部分,具体可以用消费者剩余和生产者剩余的净损失来衡量。

2. 税收超额负担产生的原因

政府征税之所以会产生超额负担并导致效率损失,主要是因为大部分税收都是选择性的,政府征税往往会使市场中的各种相对价格,如不同产品之间的相对价格、不同生产要素之间的相对价格、劳动与闲暇之间的相对价格、当前消费与未来消费之间的相对价格等发生改变,从而干扰由市场决定的消费决策和生产决策,进而使市场机制正常资源配置的效率受到损害、资源配置偏离帕累托最优配置状态。税收的超额负担具体可以用税收效应来加以说明。

税收效应指的是政府征税对消费者和生产者经济决策产生的影响,具体可以区分为收入效应和替代效应两个方面。税收的收入效应是指政府征税使经济活动主体的实际购买力下降,从而在商品相对价格不变的条件下所导致的购买量变动,进而影响社会成员的实际福利水平;税收的替代效应是指在效用不变的前提下,因商品相对价格变动,改变了经济活动主体原先的选择而影响社会成员的福利水平。税收之所以会产生超额负担,最根本的原因就于它会产生替代效应。由于替代效应所产生的效用损失无法用税收及其收益来弥补,因而构成税收的超额负担。

并不是每一个税种都会产生超额负担。只产生收入效应而不带来替代效应的税收,常常被称为"总额税"或者"一次总付税",人头税是最为典型的总额税。在课征总额税的条件下,所有纳税人都支付相同数额的固定税。此时,纳税人经济行为的任何改变都不会使其纳税义务发生相应的变化,因而总额税不会影响纳税人的经济决策,也不会产生超额负担或经济效率的损失。

3. 税收超额负担的影响因素

弄清楚税收超额负担的影响因素,有助于通过优化税制等措施来降低税收超额负担或对其加以控制。虽然希克斯和费雪等经济学家早就提出了对多种产品征税产生超额负担的计算方法,但将这一计算方法直接运用到商品税上的却是阿诺德·哈伯格。阿诺德·哈伯格提出的商品税超额负担计算公式为

$$\mathrm{DWL} = \frac{1}{2}t^2 \times \frac{Q^*}{P^*} \times \left| \frac{\eta_d \eta_s}{\eta_s - \eta_d} \right|$$

其中:DWL 表示税收超额负担;t 表示税率;P^* 和 Q^* 分别表示征税前的均衡价格和均衡产量;η_d 和 η_s 分别表示需求曲线和供给曲线的价格弹性。

阿诺德·哈伯格提出的商品税超额负担计算方法只是一个局部均衡模型,它没有考虑税收变化对除被征税产品和服务以外的其他产品和服务价格和数量的影响,其局限性是显然易见的,因而其解释力也受到限制。尽管如

此，但它却清楚地揭示出课税对象的需求弹性和税率是影响政府征税产生超额负担大小的两个关键因素。

课税对象的需求弹性与税收超额负担呈正相关关系，在其他条件保持不变的情况下，对需求弹性高的商品课税，产生的税收超额负担就更大一些。

税率也影响着税收超额负担的大小，税率越高，税收超额负担就越重。在其他因素保持不变的前提下，随着税率的提高，税收超额负担将以税率的平方被增加。取得相同的税收收入，有以较低的税率对多种商品征税和采用较高税率只对少数几种商品课税两种选择，但前一种选择明显要好于后一种，因为后一种选择带来的税收超额负担要远高于前一种。

税收的经济效率原则要求选择超额负担最小的税收制度。税收的超额负担可以通过拓宽税基、降低税率、减少差别税率的使用以及选择适当的课税对象等方式来降低。一般认为，税基越窄、税率越高、课税对象的需求弹性越大，税收对市场运行的扭曲就越突出，相应的税收超额负担也就越大。但是，缩小对需求弹性较大商品的课税范围或降低对需求弹性较大商品的税率以降低税收超额负担的做法，在相当大程度上又是以牺牲公平作为代价的。

（二）税收中性与税收非中性

传统的税收中性原则是基于"税收会带来超额负担"这一基点提出来的，它要求税收除了使纳税人缴纳税款外，不再承受其他额外负担或经济损失，即税收超额负担最小化。税收中性的理论基础是经济自由主义，它源于亚当·斯密在《国富论》中提出的"自由放任和自由竞争"的思想。随着经济活动的日趋复杂化和理论研究的不断深入，税收中性原则的含义又在传统理论的基础上有了一定程度的引申，它不仅指尽量避免经济活动主体因纳税而遭受额外负担，而且扩展到税收使各种经济活动所发生的负面影响降低到最低限度。与税收中性相对应的是税收非中性，它指的是政府积极通过税收手段改变生产者的生产决策和消费者的消费决策。税收非中性的理论基础是国家干预主义，它以政府行为是"理性"的和政府资源配置是有效率的为基本前提条件。

税收中性虽然与税收的经济效率原则紧密联系在一起，但税收中性不等同于税收的经济效率，两者之间的关系可分为完全竞争市场和不完全竞争市场两种情况来分析。在完全竞争市场条件下，市场机制可以有效地配置资源，在这种情况下，尽可能地保持税收中性、不干扰市场机制的正常运作，就是税收经济效率原则的主要内容。但在不完全竞争的市场条件下，由于存在一些市场失效因素，由市场来配置资源难以达到完全有效的状态，经济活动主体的行为也会发生扭曲，这种情况下的税收经济效率就不是保持所谓的"税收中性"就能达到的。在市场无法有效发挥作用的领域里，需要政府从全社会的整体利益出发，主动利用税收手段，进行适当的干预来矫正市场失效带来的不利影响，以使经济运行效率最大化。可见，税收中性与税收非中性统一于税收的经济效率原则，它们是实现税收经济效率两条并行不悖的路径。

在现实中，完全的税收中性几乎是不存在的，但作为一个原则，税收中性的积极意义还是应当给予肯定的，只是在具体运用时，不可将它绝对化。尤其是在一些发展中国家，市场机制的发育程度还比较低，价格信号不能完全有效引导资源配置。在这种情况下，税收中性只能在特定范围内实施，同时政府也应审时度势，运用税收手段来对资源配置、储蓄和资本形成进行调节。

（三）税收对负外部性的矫正

负外部性是现实经济生活中一种普遍存在的经济现象，如果没有外部干预，仅仅依靠市场力量，是不可能使得资源获得有效配置的。政府通过税收手段减少或消除外部效应对资源配置的不利影响，是税收的经济效率原则的要求。

二、税收的行政效率原则

非税款形式的负担，还包括税收征缴过程中政府所耗费的各种征税费用和纳税人所支付的纳税费用。税收的行政效率原则要求尽可能地降低征纳费用，或者说以尽可能小的税收成本来取得单位税收收入。税收的行政效率具体可以用税务机关的征税成本和纳税人的奉行纳税成本两个方面的指标来衡量。

税务部门在征税过程中所发生的征税成本，具体包括税务机关的日常行政事务所需的费用、购置固定资产支出以及税务人员的工资薪酬开支等。税务机关的征税费用占所征税额的比重可用来衡量征管效率，这不仅可以观察不同时期税收征管成本的变化情况，而且还有助于比较不同税种的征税成本。征税成本的高低与税务机关本身的工作效率是密切相关的。不同税种的征管成本是不同的。一般认为，所得税的征税成本要高于商品税的征税成本。

纳税人在履行纳税义务过程中所发生的奉行纳税成本，主要包括纳税人完成纳税申报所花费的交通费用、纳税人雇用税务顾问和会计师所花费的费用以及公司为个人代扣代缴税款所花费的费用等。相对于税务机关的征税成本，纳税人的奉行纳税成本较为隐蔽，计算起来也比较困难。从数量方面来看，纳税人的奉行纳税费用甚至有可能会大于征税费用，它是一项不容忽视的税收成本。

要提高税收的行政效率，首先是要使税收制度明确而具体，让纳税人容易理解和掌握，使其清楚地了解自己的纳税义务，以减少奉行纳税费用；其次是要尽可能地简化税收制度和税收征管程序，过于复杂的税收制度会造成管理上的困难，妨碍其有效性，从而造成过高的管理成本和纳税成本；最后是税务机关应采用先进的征管手段、改进工作方法，以节约征管方面的人力和物力。

第四章 税收负担的分配、转嫁与归宿

第一节 税收负担概述

税收负担指的是因政府的课税而相应地减少了纳税人的实际可支配收入,从而对其造成的经济利益损失或使其承受的经济负担。税收负担的形成、分配及其局部调整,都是在政府征税和纳税人纳税的过程中完成的。

一、税收负担的实质及其分类

虽然税收负担在现象上表现为政府征税给纳税人造成的经济利益损失,但在实质上,税收负担体现出的却是政府与纳税人之间以及不同纳税人之间的分配关系。这种分配关系具体体现在以下两个方面:第一,政府与纳税人之间对国民生产总值或国内生产总值占有或支配上的此增彼减的分配关系。就纳税人而言,在收入一定的前提下,政府对其征税越多,纳税人税后实际可支配的收入就越少,经济利益损失就越大。第二,通过政府与纳税人之间的分配关系派生出的不同纳税人之间的分配关系。政府对不同纳税人采用不同的税负政策,以及政府将征收上来的税款通过转移性支出转化为一部分社会成员收入的过程,客观上也决定或影响不同纳税人对收入或财富的占有关系。

采用不同的标准,可以对"税收负担"进行不同的分类。依据考察层次的不同,税收负担通常可以被区分为宏观税收负担和微观税收负担;按照税收负担是否由纳税人实际承担作为标准,税收负担可以被区分为直接税收负担和间接税收负担；按照纳税人承受负担的度量作为标准，税收负担又可以被区分为名义税收负担和实际税收负担。

直接税收负担是纳税人直接向政府缴税而承受的税收负担。在有的情形下，纳税人依法向政府缴纳了税款，但这并不意味着纳税人本人将最终承担全部的税款。纳税人有可能通过某种途径全部或部分将其缴纳的税款转嫁给其他人承担。这样，被转嫁者虽然没有直接向政府缴税，但却实实在在地负担了一部分税款，这种税收负担就被称为间接税收负担。只要发生了税负转嫁，就会有间接税收负担的存在。区分直接税收负担和间接税收负担，可以反映出在既定宏观税收负担水平下税收负担的最终分配结构。

名义税收负担指的是纳税人按照税法的规定所应承担的税收负担，具体表现为按计税依据和法定税率计算出的纳税人应承担的税款。实际税收负担则是指纳税人实际缴纳税款所形成的税收负担。由于税收优惠等措施的存在，实际税收负担通常要低于名义税收负担，但也存在实际税收负担高于名义税收负担的可能。与名义税收负担相比，实际税收负担更能体现出经济活动主体实际承担税负的水平，它的变化对经济活动主体行为有着更为直接的影响。

二、宏观税收负担

宏观税收负担是从整个社会或国民经济的角度来衡量的税收负担水平，具体是指一个国家所有的纳税人或按一定标准划分的具有总体性质的纳税人所承担税收负担的总和。在现实生活中，宏观税收负担直观地体现为政府到底征了或纳税人到底缴了多少税。宏观税收负担水平的高低，也反映出社会资源在公共部门和私人部门之间的配置状况。在其他因素既定的情况下，宏观税收负担越重，意味着政府在资源配置方面的功能相对要强一些；反之，则相对要弱一些。研究宏观税收负担，有助于解决税收在促进资源有效配置、国民收入合理分配以及经济稳定增长中带有全局性和整体性的问题。

（一）宏观税收负担水平的衡量

一个国家的经济总量主要用国内生产总值（GDP）、国民生产总值（GNP）

或国民收入（NI）来表示。与之相对应，衡量宏观税收负担水平的指标主要有国内生产总值税收负担率、国民生产总值税收负担率和国民收入税收负担率。

1. 国内生产总值税收负担率

国内生产总值税收负担率指的是一个国家在一定时期内，税收总收入与国内生产总值的比率，具体可用计算公式表示为

$$国内生产总值税收负担率（T/GDP）=\frac{税收总收入}{国内生产总值}\times 100\%$$

国内生产总值是以"国土原则"为依据计算的生产总值，凡是在本国领土范围内生产的产品和提供的劳务的价值，不管是本国国民还是外国公民创造的都计入其中，但本国国民在国境外生产的产品和提供的劳务不包括在内。国内生产总值税收负担率反映了一个国家的本国国民和外国居民在一定时期内，在该国境内生产的全部产品和提供的全部劳务所承受税收负担的状况。

2. 国民生产总值税收负担率

国民生产总值税收负担率指的是一个国家在一定时期内，税收总收入与国民生产总值的比率，具体可用计算公式表示为

$$国民生产总值税收负担率（T/GNP）=\frac{税收总收入}{国民生产总值}\times 100\%$$

国民生产总值是以"国民原则"为依据计算的生产总值，本国国民在境内和境外生产的全部产品和提供的全部劳务都计入其中，但不包括外国公民在本国境内所生产的产品和提供的劳务。国民生产总值税收负担率反映了一个国家的国民在一定时期内生产的全部产品和提供的全部劳务所承受税收负担的状况。

3. 国民收入税收负担率

国民收入税收负担率指的是一个国家在一定时期内，税收总收入与国民收入的比率，具体可用计算公式表示为

$$国民收入税收负担率（T/NI）=\frac{税收总收入}{国民收入}\times 100\%$$

国民收入是按生产要素报酬来计算的，一个国家或地区的国民收入等于工资、利息、租金和利润的总和。国民收入税收负担率反映了一个国家在一定时期内新创造价值所承受税收负担的状况。

在上述三个衡量宏观税收负担水平的指标中，最为常用的是国内生产总值税收负担率。值得注意的是，三个衡量指标计算公式中的"税收总收入"指的是包括关税（从中扣除出口退税）在内的中央政府与各级地方政府的全部税收收入，但行政性收费等非税收入被排除在外。由于社会保障税或社会保障缴款具有不同于其他税种的特殊属性，所以一些国际组织和部分国家未将其统计在税收总收入内。在对不同国家的宏观税收负担水平进行比较时，应弄清楚"税收总收入"中是否包含了社会保障税收入，不同统计口径的宏观税收负担水平是不能直接进行比较的。

（二）宏观税收负担水平的影响因素

影响一个国家宏观税收负担水平的因素有经济发展水平、经济结构、政府职能范围、税收制度和税收征管等多个方面，每一方面因素的变动都会对宏观税收负担水平产生或大或小的影响。由于具体影响因素不尽相同，所以不同国家或者同一个国家在不同历史时期的宏观税收负担水平不可能完全相同。

1. 经济发展水平

经济发展水平是影响宏观税收负担水平的决定性因素。一方面，经济决定税收，经济发展水平越高，社会成员的可支配收入就越多，其税收负担的承受能力也就越强；另一方面，经济发展水平越高，社会成员对公共产品和服务需求的范围和水平也就越高，为了提供较高水平的公共产品和服务，政府需要筹集的资金就越多，税收作为最主要的财政收入形式，其规模相应地就要大一些，因而宏观税收负担水平也就越高。

从长期来看，一个国家的宏观税收负担水平与其经济发展水平之间存在高度的相关性。不仅一个国家的宏观税收负担率会随着经济的发展有所提升，而且人均收入高的国家的宏观税收负担水平一般也要高于人均收入低的国家，这些已经被实践所证明。

2. 经济结构

经济发展对宏观税收负担水平的影响，不仅体现在量的制约上，还体现在结构的分布和变迁上。从不同的角度看，经济结构包含有多方面的内容，其中对宏观税收负担水平影响最大的是产业结构。

产业结构直接影响税基的大小和税收收入的结构，进而影响税收收入的规模。基于自身性质和生产效率的差异，不同产业的税收负担能力是不同的。与第二产业、第三产业相比较，第一产业的税收负担能力要弱一些。如果一个国家的国民经济中第一产业产值所占的份额较高，那么整个经济的税收负担能力自然会低许多；如果第二产业、第三产业产值所占的份额较高，则整个经济的税收负担能力就会相对提高。若将产业分类进一步细化，在三大产业内部也存在税收负担能力相对较高和较低的行业，税收负担能力不同的行业在整个产业中的地位不同，同样也会影响宏观税收负担水平。

除了产业结构外，GDP 的构成也会对宏观税收负担水平的影响较大。GDP 的构成指的是"可税 GDP"和"不可税 GDP"在 GDP 中所占的比重。根据 GDP 的核算范围与核算方法，一部分 GDP 是不能纳入税基进行课税的。"不可税 GDP"主要包括居民的基本消费、政府部门的生产与服务、总投资中的库存增加和非货币化的 GDP 等几个方面。如果"不可税 GDP"在一个国家的 GDP 中所占的比重比较大，那么在其他因素既定的情况下，宏观税收负担水平就越低；反之，则越高。

3. 政府职能范围

由于市场失效的存在，政府担负着提供公共产品和服务的重要职能，而公共产品和服务提供的范围和方式直接影响政府资金的需求量，进而影响财政支出的规模。税收是最主要的财政收入形式，其规模必然要受财政支出需要的影响。从需求的角度看，宏观税收负担水平的高低取决于政府职能范围的大小。

此外，政府在履行职能的过程中提供公共产品和服务效率的高低，也影响宏观税收负担水平。政府提供公共产品和服务的效率越高，也就意味着公共产品和服务提供的成本相对较低，那么社会成员消费既定量的公共产品和服务所需要支付的费用（即税收）就要少一些，此时宏观税收负担水平也就相对低一些。

4. 税收制度

税收制度中税种的设置、课税范围的选择、税率的确定以及税收优惠政策等因素，都会直接影响宏观税收负担的水平。税种的多少，关系政府课税覆盖面的大小。一般来说，税种设置得越多，税收制度的覆盖范围就越广、取得税收收入的能力也就越强，在其他因素既定的情况下，宏观税收负担也就越重。不同税种筹集税收收入的能力是各不相同的，现实中的税收制度选择何种税作为主体税种，也会对宏观税收负担水平产生影响。一个国家的税收制度既可以商品税为主体税种，也可以所得税作为主体税种。商品税多采用比例税率，这就决定了商品税收入最多只能与经济增长同比例地增长；所得税多采用累进税率，这种税率形式可以使税收收入以快于经济增长的速度增长。在其他因素相同的情况下，与以商品税为主体税种的税收制度相比较，以所得税为主体税种的税收制度会取得更多的税收收入。

除了正常的制度安排外，各国的税收制度往往还规定有税收优惠方面的措施。税收优惠政策的出台，会使得政府取得的税收收入相应地发生变化，从而导致宏观税收负担水平发生相应的升降。在其他因素既定的情况下，政府出台的税收优惠措施越多、力度越大，那么宏观税收负担水平也就越低；反之，则越高。

5. 税收征管

经济因素和税收制度决定了政府取得税收收入的潜在规模，而要将潜在的税收收入转变为政府手中实际的税收收入，则要依靠税收征管。税收征管直接决定最终入库的税收数额，因此它也是影响宏观税收负担水平的一个重要因素。

由于种种原因，现实生活中实际的税收收入与潜在的税收收入之间总是会存在一些差距，差距的大小主要取决于税收征管水平。实际的税收收入与潜在的税收收入之间的比率，常常被定义为"税收努力"程度，并以之作为衡量税收征管效率高低的指标。在其他因素既定的情况下，税收征管效率越高，宏观税收负担水平也越高。

三、微观税收负担

微观税收负担指的是某个具体的纳税人在一定时期内所承受的税收负担。微观税收负担是宏观税收负担通过税收负担的分配与局部调整转化而来的，它是在微观经济活动主体之间进行税收负担横向比较的主要依据。研究微观税收负担，可以为政府制定税收政策、实施对微观经济活动的有效调控提供直接根据。

根据纳税人性质的不同，微观税收负担可以区分为个人税收负担和企业税收负担，三者一般要用不同的指标来衡量。

（一）个人税收负担水平的衡量

个人税收负担水平的衡量主要使用个人税收负担率指标，即个人实际承受的税额与个人收入总额的比例，具体可用计算公式表示为

$$个人税收负担率 = \frac{个人实际承受的税额}{个人收入总额} \times 100\%$$

从理论上说，个人实际承受的税收负担不仅包括个人直接缴纳的个人所得税和财产税等，而且也包括个人在购买消费品时承担的转嫁而来的商品税。由于经过转嫁而来的商品税税收负担的数额因个人消费行为和企业的提价幅度的不同而有所不同，很难进行完整而准确的统计，因而个人真实的综合税收负担率是无法计算的。为了使个人税收负担率指标具有实际意义，个人实际承受的税额往往仅统计个人直接缴纳的个人所得税和财产税等。个人税收负担率，一方面反映了一定时期内个人对政府财政收入的贡献程度，另一方面也体现了政府运用税收手段参与个人收入分配的程度，以及政府对个人收入分配差距的调节力度。

（二）企业税收负担水平的衡量

衡量企业税收负担水平的指标，主要有企业综合税收负担率和企业个别税种的税收负担率两种。

1. 企业综合税收负担率

企业综合税收负担率指的是在一定时期内企业实际缴纳的各种税收总额

与同期企业销售收入总额的比率,具体可用计算公式表示为

$$企业综合税收负担率 = \frac{企业纳税总额}{企业销售总收入} \times 100\%$$

企业综合税收负担率反映了政府参与企业收入分配的规模,也反映了企业对政府财政收入的贡献程度。

2. 企业个别税种的税收负担率

企业个别税种的税收负担率是从单个税种的角度来考察企业税收负担水平,通常对企业承担的所得税税收负担和商品税税收负担分别进行考察,具体可用计算公式表示为

$$企业所得税税收负担率 = \frac{企业所得税额}{企业利润总额} \times 100\%$$

$$企业商品税税收负担率 = \frac{企业商品税额}{企业销售收入} \times 100\%$$

企业所得税税收负担率反映了一定时期内企业收益在政府与企业之间的分配状况,是衡量企业税收负担最直接的指标,它体现了政府在一定时期内的分配政策。在其他条件不变的情况下,商品税税收负担的高低直接影响到企业利润的多少。由于商品税的税收负担存在着转嫁的可能,作为纳税人的企业不一定是税款最终的承受者,所以企业商品税税收负担率只能反映企业因缴纳商品税而承受的名义上的税收负担水平。

第二节 税收负担的分配

税收负担的分配是政府将在一定时期内要征收的税收总额在不同纳税人之间进行分摊,以决定不同的纳税人各自承担多少税收负担的行为。税收负担的分配是整个税收活动的核心环节,因为各项税收职能的执行和税收政策的落实都与它紧密联系在一起。

在任何一个国家,税收负担的分配都包括税收负担的基本分配和在税收负担基本分配格局基础上进行的局部调整两个方面。无论是哪一个层面上的税收负担分配,都是非常复杂的问题。从社会公共利益的立场来看,税收负

担的分配是可以接受的，但却损害了部分社会成员的利益；从客观的立场来看，税收负担的分配具有公允性，但对政府的收入会产生不利的影响；有时税收负担的分配，就纳税人和政府两方的立场而言均可行，但对社会经济生活又有摧残作用。在现实中，要做到税收负担的合理分配并被普遍接受，实在不是一件容易的事情。

一、税收负担基本分配格局的确立

税收负担基本分配格局的确立，必须考虑很多因素，其中最为重要的就是公平。只有做到了税收负担的公平分配，才能维持经济的正常运行、保证社会的稳定。税收负担公平分配的一个基本前提是普遍征税，即税收负担应当由全体经济活动主体共同承受，不允许任何个人和法人享有不纳税的特权。在普遍征税的基础上，税收负担公平分配的依据存在"受益原则"和"支付能力原则"两种不同的主张。不管是在理论上，还是在实践中，这两种主张都有各自的优势和不足，但它们都不能单独解决税收负担的公平分配问题，因而在现实生活中，税收负担的公平分配有赖于二者的配合使用。

税收负担基本分配格局的确立，具体是通过现实的税收制度来实现的。因为受益原则与支付能力原则对于税收负担的公平分配来说都具有重要作用，所以现实生活中的税收制度常常是"受益税"和"支付能力税"的立体结合。要想使现实生活中的税收制度很好地贯彻这两种原则，最为关键的是在税收制度设计中合理地确定衡量"受益"和"支付能力"的指标。

从严格意义上讲，"受益"就是经济活动主体的需要得到满足的过程，它寓于经济活动主体的消费活动之中。正因为受益在本质上属于消费范畴，所以相比较而言，消费最能准确衡量受益的大小。收入和财产虽然与消费也有一定的联系，但它们毕竟不等同于消费，因而都不能准确衡量受益的大小。一般来说，经济活动主体从消费中受益程度的计量有两种方法：一种是直接计量产品和服务的消费给经济活动主体带来的效用满足感；另一种是通过计量经济活动主体消费产品或服务的数量来间接反映经济活动主体从中的受益程度，这是因为正常情况下，经济活动主体消费产品和服务越多，其从中受益的程度就越大。到目前为止，人们还无法准确地测度经济活动主体从消费中获得的满足程度；即便将来这一问题得到解决，实际上也很难全面设置以经济活动主体从消费中的效用满足程度为依据的税种。在这种情况下，受益程度的计量只能转向间接途径，即以经济活动主体消费产品或服务的数量为标准。然而，公共产品和服务所具有的消费上不可分割的性质，又使得人们无法直接计量每个经济活动主体消费公共产品和服务的数量，因此只能使用更为间接的方法来衡量经济活动主体从政府提供的公共产品和服务中的受益程度。经济活动主体消费私人产品和服务的数量，可以用来间接地反映经济活动主体从政府提供的公共产品和服务中的受益程度，这主要是因为公共产品和服务是实现私人产品和服务使用价值的必要条件，如果没有政府提供的公共产品和服务，私人产品和服务的使用价值只能处于潜在状态，不能成为现实的使用价值。私人产品和服务的使用价值中包含着公共产品和服务的使用价值，社会成员对私人产品和服务的消费正比例地反映着其对公共产品和服务的消费。由于对私人产品和服务的计量可以在一定程度上反映出经济活动主体从公共产品和服务中的受益状况，因而受益原则在现实税收制度中主要体现为商品税。

对于衡量支付能力的指标，不同的学者也有不同的认识，有的认为是所得，有的认为是财产，还有的认为是消费支出。具体以哪一个标准作为衡量支付能力的依据，直接涉及课税对象或税基的选择问题。从上述三种标准看，其中任何一种都既有可行性，也有其片面性。所得、财产和消费支出中任何一个因素增加，都意味着支付能力的增加；但所得的增加使纳税人支付能力的提高最为显著，而且也使纳税人增加消费支出或增添财产成为可能，相比较而言，所得最能够反映纳税人的支付能力。然而，不管以这三个因素中的哪一个作为测度支付能力的标准，都会遇到一些问题，绝对客观公正的标准是不存在的。以所得作为衡量支付能力标准的缺陷集中体现在财产收益上，如由赠与和遗产带来的增值属于财产收益，由资本带来的所得也属于财产收益。为了弥补所得的缺陷，还应当以财产作为衡量支付能力的辅助指标。正因为如此，支付能力原则在现实税收制度中具体体现为所得税和财产税。

按照受益原则和支付能力原则开征的商品税、所得税和财产税以及其他一些辅助税种的课征范围，基本覆盖了国民经济的各个环节以及几乎所有的经济活动主体，从而决定了税收负担的基本分配格局。

二、对税收负担基本分配的局部调整

在税收负担分配的基本格局确立之后，政府和纳税人往往会基于不同的目的在相关税收活动中采取的一些举措或行为，如税收负担转嫁、税收筹划、偷逃税、税收优惠、免除重复征税、反避税、反偷逃税、最低税负制和税收赦免等，也会起到对税收负担的原有分配格局或不同纳税人承担的税收负担进行局部调整的作用。

尽管税收在整体上体现出的是政府与纳税人之间的利益关系，但这种利益关系在单个纳税人身上往往体现得并不十分明显，他仍会觉得纳税是一种"牺牲"。在这种情况下，纳税人一般会积极主动地采取措施以减轻其税收负担，从而起到对税收负担分配进行局部调整的功效。然而，政府对税收负担分配进行的局部调整，往往并不是单纯地为了实现税收收入的最大化，它既要考虑税收公平，也要顾及效率的实现。

在政府对税收负担分配进行局部调整的措施中，除了税收优惠和免除重复征税是政府的主动行为外，其他都是被动的，其中既有针对政府政策自身而采取的补救性措施，如最低税负制就是针对政府出台税收优惠政策过多、过滥而采取的对策，也有针对纳税人的行为而不得不采取的应对措施，如反避税专门针对的是纳税人的避税行为，而反偷逃税和税收赦免针对的则是纳税人的偷逃税行为。从这个角度看，纳税人与政府对税收负担分配所进行的局部调整，实际上是政府与纳税人就税收负担的再分配所进行的一种博弈。税收负担分配的局部调整，虽然只是对税收负担的基本分配格局在一定范围内所进行的幅度并不是非常大的调整，但也绝非枝枝节节的举措，它是一个既复杂又重要的问题，不仅直接关系纳税人的切身利益和政府税收收入的多寡，而且也是税收政策的具体载体，会对社会经济生活产生较大的影响。

第三节 税收负担的转嫁与归宿

一、税负转嫁与税负归宿的概念

所谓税负转嫁，是指纳税人在缴纳税款之后通过种种途径将税收负担转移给他人负担的过程。税负转嫁与商品交易密不可分，因为纳税人只有在与他人发生经济交易的情况下才可能通过价格调整等手段将税收负担转嫁出去。因此，商品交换是税负转嫁的前提条件。税负转嫁之后，最初的纳税人并不一定就是税收的最终负担者。依据转嫁的程度，税收转嫁可以分为全部转嫁和部分转嫁。全部转嫁是指纳税人通过一定方式将税收负担全部转嫁给税收的实际负担者。而部分转嫁则是指纳税人通过一定方式只把部分税收负担转嫁给实际的税收负担者。通常我们区分直接税与间接税的标准就是看税负能否被转嫁，即不能被转嫁的就是直接税，而能被转嫁的就是间接税。当然这种区分并不是绝对的。在一般情况下，商品劳务税之所以被称为间接税，是因为这类税收在形式上具有转嫁税负的可能性；而所得税之所以被称为直接税，是因为它在形式上一般不具有转嫁的可能性。

所谓税负归宿，是指税收负担的最终负担者，它是税负转嫁的最终结果。税收负担经过若干环节的运动和转移，最后总是要落在最终负担者身上，即最终的税负归宿。税负归宿是税收负担的核心问题，即谁最终为税收"埋单"。不同税种在不同经济条件下，其转嫁的方式、转嫁的过程和转嫁的结果是不同的。但任何一种税收最终都要由一定的经济主体负担，一旦税收的最终负担者也就是税负归宿确定了，税负转嫁的过程也就结束了。根据税收的实际负担情况，税负归宿可以分为法定归宿和经济归宿。其中，法定归宿是指法律上明确规定负有纳税义务的人，而经济归宿则是指税收导致纳税人实际资源配置或收入分配的变化情况。税收法定归宿与经济归宿之间的差异就是税负转嫁的程度。而我们通常所说的税收归宿实际上是指经济归宿。政府在制定税收政策之前，应弄清税收经济归宿，只有这样，才能对税收调节作用或税收导致的结果有比较清楚的认识。

二、税负转嫁的方式

税负转嫁的方式主要有前转、后转、混转、消转和税收资本化等。

(一) 前转

前转也称为顺转。即纳税人在经济交易过程中通过提高其所提供的商品或生产要素的价格的方法，将其所缴纳的税款向前转移给商品或生产要素的购买者或最终消费者负担的一种方式。

前转是税负转嫁最普遍和最典型的方式，通常表现为商品劳务课税的转嫁方面。例如，在生产环节对烟酒等消费品课征税款，生产者可以通过提高商品的销售价格，将税负转嫁给批发商，而批发商也采取同样方式将税负转嫁给零售商，最终零售商将税负转嫁给消费者。实际上，不论消费者是否知情，他在购买商品时已经支付了部分或全部税收。

(二) 后转

后转也称为逆转。即纳税人在经济交易过程中通过压低生产要素的价格，将税负转嫁给生产要素的提供者或生产者的一种方式。

后转发生的主要原因是市场供求条件不允许纳税人以提高商品价格的形式向前转移税收负担。例如，当对某一商品在零售环节课税，并且该商品在市场上处于供过于求的情况下，销售价格难以提高，此时，零售商便难以通过提高商品价格的方式将税收负担向前转移，而只能通过压低商品进价将税收负担转嫁给批发商，批发商则通过同样方法将税负转嫁给生产商，而生产商又通过压低原材料价格或工人工资等办法，将税负转嫁给生产要素的提供者。所以，零售商是纳税人，但实际的税收负担则由原材料供应商和工人所负担。

(三) 混转

混转也称为散转。即在现实经济生活中，转嫁形式不可能是纯粹的前转或后转，往往是同一税额，一部分通过前转转嫁出去，另一部分则通过后转转嫁出去。

(四) 消转

消转也称为税收转化。是指纳税人对其所缴纳的税款既不向前转嫁，也不向后转嫁，而是通过改善生产管理，改进生产技术，提高生产效率，降低成本等方式补偿其纳税损失，自行消化税收负担，使其纳税前后的利润水平相同。但消转需要具备一定的条件，如生产技术方法存在改进和发展的余地等。

消转是一种特殊的税负转嫁形式，与一般形式的税负转嫁并不相同。因为在消转的情况下，纳税人并没有将税负转移给他人，没有特定的负税人。对于这种转嫁形式，理论界对其看法并不一致。支持者认为，衡量税负是否转嫁的基本标准是，纳税人纳税前后的利润水平是否相同，如果征税后利润水平没有下降，则发生了税负转嫁；反之，则没有发生税负转嫁。但纳税人通过消转方式来弥补因纳税所带来的损失，保住原有的利润水平，因此，消转是符合税负转嫁的基本标准的。反对者则认为，在税负转嫁的情况下，纳税人与负税人是分离的。而在消转的形式下，纳税人即为负税人，而且降低成本，提高经济效益是生产者从事生产经营的基本动力，而非因为征税所致，征税的作用仅仅是增加了生产者的压力，因此，消转并非严格意义上的税负转嫁。

(五) 税收资本化

税收资本化也称为资本还原，即生产要素购买者将所购买的生产要素，如土地、房屋、机器设备等未来应纳税款，通过从购入价格中预先扣除，即压低生产要素的购买价格的方式，向后转移给生产要素的出售者的一种形式。

税收资本化最典型的例子是对土地课税。例如，某块土地在市场上每年的收益是10万元，而市场收益率是10%，则该块土地的市场价格为100万元。当政府对土地征收20%的土地税之后，该块土地每年的收益就变成8万元，则土地市场价格就变成80万元。在这种情况下，土地购买者通过压低土地市场价格的方式将税收负担转嫁给了土地所有者。土地税与土地价格存在反向变动关系，土地税增加，土地价格就下降；反之，土地税降低，土地价格就上升。

税收资本化与一般意义上的税负转嫁的不同之处是，一般意义上的税负转嫁通过多种方式将每次课征的税款随时予以转移，而税收资本化则是把未来应缴纳的税款作一次性扣除。因此，税收资本化是税收后转的一种特殊形式。

三、税负转嫁与归宿的一般原则

税负转嫁理论上的可能性并不等于税负转嫁的现实性。在现实经济生活中，税负转嫁总是受到各种客观经济条件的约束。具体到每一纳税人，税负能否转嫁，转嫁多少，通常取决于价格、供求弹性和征税范围等多种经济变量。

（一）价格对税负转嫁的影响

由于典型意义上的税负转嫁是纳税人通过提高价格来实现的，因此，税负转嫁的实现及其转嫁的程度，必然受到价格变动可能性的制约。通常来讲有以下几种情况：

征税之后，价格不变，则税负不能转嫁，由卖方负担。

征税之后，价格提高，但提价的数额小于征税的数额，则税负部分转嫁，由买方和卖方共同负担。

征税之后，价格提高，且提价数额等于征税的数额，则税负刚好全部转嫁，由买方负担。

征税之后，价格提高，且提价数额大于征税的数额，则税负不仅能全部转嫁，由买方负担，而且卖方还能获得超额利润。

征税之后，价格下跌，税负不仅不能转嫁，而且纳税人还要蒙受额外损失。

上述所提到的几种情况，通常出现在价格不能自由变动的情况下，也即处于完全竞争市场中，如政府定价或完全垄断。实际上，在一般情况下，价格的变动都会受市场供求情况影响，而供求弹性则对税负的转嫁起到关键性的作用。

(二) 供求弹性对税负转嫁的影响

在市场竞争中,价格能否变动,主要取决于市场供求状况,因此,价格变动对税负转嫁的影响最终取决于商品供求弹性。

一般来说,在其他条件相同的情况下。需求弹性越大,税负越难转嫁出去;反之,需求弹性越小,税负越容易转嫁出去。即需求弹性的大小与税负转嫁的难易程度成反向关系。具体来说,需求弹性大,说明当某种商品因征税而提高价格时,购买者就会不买或少买,从而将迫使商品价格回落或阻止价格提高,此时,卖方就难以向前转嫁税负。而需求弹性小,说明某种商品因征税而提高价格时,购买者没有选择余地,价格提高阻力小,从而卖方就容易向前转嫁税负。

而供给弹性则相反,供给弹性越大,税负越容易转嫁出去;反之,供给弹性越小,税负越难转嫁出去。即供给弹性的大小与税负转嫁的难易程度成正向关系。供给弹性越大,说明某种商品增加税负时,卖方会因为利润减少而削减供给数量。由于借给减少,价格势必上涨。税负容易转嫁。供给弹性小,说明虽然税负增加,但因受生产条件等限制,削减供给数量困难,此时,只要卖方有利可图,就会继续供给,从而难以提高价格,税负转嫁也就困难。

(三) 征税范围对税负转嫁的影响

征税范围不同,税负转嫁的数量、难易程度也不相同。一般来说,征税范围越广,税负越容易转嫁;征税范围越窄,税负越难转嫁。

其基本原因在于,征税范围越窄,税收对商品或生产要素的替代效应就越大,需求弹性也就越大,税负也就难以转嫁。通俗地说,征税范围包含的商品或生产要素越少,就越可能使买方改变选择,减少征税的商品或生产要素的购买,而选择其他商品作为替代。例如,在仅仅对大米征税的情况下,消费者会减少大米的购买量,而增加小麦、大豆等替代品的消费量,此时,大米的价格就难以提高,税负也就难以转嫁。与此相反,征税范围越广,替代效应越难以发生,需求越缺乏弹性。在上面所提到的例子中,如果除了对大米征税之外,还对小麦、大豆等其他粮食也征税,那么,大米的替代效应就不会发生太大变化，其价格提高也相对较为容易，税负也就越容易转嫁。

此外，对于不同的征税对象征税，其税负转嫁的结果也是不同的。具体有以下几种情况：一是对生活必需品、不易替代的商品、用途狭窄的商品或耐用品征税，由于这类商品的需求弹性较小，买方处于不利地位，税负将更多地向前转嫁；二是对奢侈品、易于替代商品、用途广泛的商品或非耐用品征税，由于此类商品需求弹性较大，买方处于有利地位，税负将更多地向后转嫁或不能转嫁；三是对资本密集型商品、生产周期较长的商品征税，由于此类商品生产变动困难，供给弹性比较小，卖方处于不利地位，税负会更多地向后转嫁或不能转嫁；四是对劳动密集型商品或生产周期较短的商品征税，此类商品供给弹性比较大，卖方处于有利地位，税负将更多地向前转嫁。

第四节　税负转嫁与归宿的影响因素

在现实经济生活中，税负转嫁受到了客观经济条件的制约，因此，分析税负转嫁与归宿必须将税收放到特定的经济环境中。一般有两种分析方法：局部均衡分析和一般均衡分析。

一、局部均衡分析

所谓局部均衡分析，是在假定其他条件不变的情况下，分析某种商品或要素的供给与需求达到均衡时的税负转嫁与归宿及其对价格的影响。如上所述，影响税负转嫁的变量很多，除供求弹性、价格、征税范围等因素之外，还有市场结构、课税对象、计税方法等许多变量。众多变量对税负转嫁的影响非常复杂，为了简化分析，通常可以假定其他变量不变，而仅选择某一变量对税负转嫁与归宿的影响做局部均衡分析。

（一）需求弹性对税负转嫁的影响

需求弹性即需求的价格弹性，是指商品或生产要素的需求数量对于价格变动的反应程度。用公式来表示即为：

$$E^d = \frac{\Delta Q}{Q} \Big/ \frac{\Delta P}{P}$$

其中：E^d 为需求弹性，P 为价格，ΔP 为价格的变化量，Q 为需求数量，ΔQ 为需求数量的变化量。

当 $E^d = 0$ 时，需求完全无弹性。此时，消费者或购买者不会因商品的价格变化而改变购买数量。当政府对需求弹性为 0 的商品或要素征税时，会导致商品价格上涨，上涨的幅度等于所征收的税收，即税收全都向消费者转嫁。这是一种极端情况，如在粮食极端匮乏的情况下，粮食的需求弹性为 0，此时，政府对粮食征收的税收将全部转嫁给消费者。另外一种极端情况就是 E^d 趋近于 ∞，需求完全有弹性。此时，价格的任何微小变化都会引起需求数量变为 0。当政府对需求弹性趋近于 ∞ 的商品或要素征税时，商品或要素的价格不会发生任何变化，税收不能转嫁给购买者。即税收全部由供给者承担或向后转嫁。当 E^d 介于 0 和 ∞ 之间时，政府征收的税收由供需双方分摊。

（二）供给弹性对税负转嫁的影响

供给弹性是供给的价格弹性，即商品或生产要素的供给数量对于价格变动的反应程度。用公式来表示即为：

$$E^s = \frac{\Delta Q}{Q} \Big/ \frac{\Delta P}{P}$$

其中：E^s 为供给弹性，P 为价格，ΔP 为价格的变化量，Q 为供给数量，ΔQ 为供给数量的变化量。

当 $E^s = 0$，供给完全无弹性。此时，供给数量不会因价格的变化而发生任何变动，税收不能向前转嫁，而是由卖方负担。另一种极端情况就是 E^s 趋近于 ∞，供给完全有弹性。此时，所征的税收会全部向前转嫁，由买方全部负担。

（三）供给与需求都有弹性但非完全弹性情况下的税负转嫁

上面分析了供给弹性和需求弹性对与税收转嫁的关系。由需求弹性和供给弹性的公式。假定税前均衡价格与均衡产量分别为 P_0 与 Q_0，税收引起供给量的变化 ΔQ_s，卖方净价格变化为 ΔP_s，买方支付的价格变动为 ΔP_d，

则有

$$\Delta Q_d = \frac{E^d \Delta P_d Q_0}{P_0}$$

当实现税后均衡时，$\Delta Q_d = \Delta Q_s$，则可推出

$$\frac{E^d}{E^s} = \frac{\Delta P_s}{\Delta P_d}$$

由于在税后均衡时，ΔP_s 即为卖方承担的税负，ΔP_d 即为买方所承担的税负，两者之和刚好等于政府所征收的税额。上式即意味着供求双方各自承担的税负与各自的弹性成反比。用另一种表达式表示为：

$$\frac{需求弹性}{供给弹性} = \frac{卖方负担份额}{买方负担份额}$$

这说明，买卖双方在价格变化时调整产量的能力越强，就会承担越少的税负。

在上面的分析中，都假定对卖方征税。那么，当对买方征税而不是对卖方征税时，税收转嫁的情况会发生变化吗？答案是否定的。即税收对价格和产出的影响与对卖方还是对买方征税无关，这也被称为"无关性定理"。通俗地说，税收最终由谁负担和名义上由谁纳税无关，税收的转嫁与归宿由税后的均衡价格决定。

局部均衡分析有局限性，这是因为它忽略了其他商品或要素相对价格的变化，由此所得出的结论是不完全的。局部均衡分析的重要缺陷表现在两个方面：一是局部均衡分析只能告诉我们课税商品或要素的价格变化，而不能告诉我们征税引起其他商品或要素的价格相对变化；二是局部均衡分析只能告诉我们征税引起某一商品或要素在某一市场上的价格变化，而不能告诉我们对整个经济要素的影响。

二、一般均衡分析

一般均衡分析是在各商品和生产要素的供给、需求、价格相互影响的假定下，分析所有商品与生产要素的供给与需求达到均衡时的税负转嫁与归宿。也就是说，在因政府征税而引起的一系列连锁反映中，分析税负的分配

情况。这种分析方法更加贴近现实。

(一) 税负归宿的一般均衡分析模型

人们通常采用的一般均衡分析模型是由美国经济学家哈伯格所提出的"税收归宿的一般均衡模型"。该模型首先假设：整个经济体系仅有制造品市场和食品市场两个市场；家庭没有储蓄，所以收入等于消费；只有资本和劳动力两种生产要素，资本和劳动力可以在不同部门之间自由流动。

该模型中共有四种税：只对某一部门某种生产要素收入征收的税；对两部门的某种生产要素收入征收的税；对某种商品消费征收的税；综合所得税。其具体模型如下表所示。

T_{KF}	+	T_{LF}	=	T_F
+		+		+
T_{KM}	+	T_{LM}	=	T_M
‖		‖		‖
T_K	+	T_L	=	T_T

表中，F代表食品业；M代表制造业；L代表劳动力；K代表资本；T_{KF}代表以食品业的资本收入为征税对象的税；T_{LF}代表以食品业的劳动者工资为征税对象的税；T_F代表以食品的产出为征税对象的税；T_{KM}代表以制造业的资本收入为征税对象的税；T_{LM}代表以制造业的劳动者工资收入为征税对象的税；T_M代表以制造业的产出为征税对象的税；T_K代表对以食品和制造业两个部门的资本收入为征税对象的税；T_L代表以食品和制造业两个部门的劳动者工资收入为征税对象的税。

这一模型能够评价某一局部要素的课税对产出市场的影响，可以揭示出各税种之间相互作用、相互影响的结果。它反映了以下几种关系。

如果政府既征收T_F又征收T_M，且税率相同，则相当于对所有产品征收税收T_T。其原因在于，如果对消费者的各方面支出额分别按相同的税率征税，其效果等于对消费者的全部收入按与前相同的税率征收综合所得税。

如果政府既征收T_K又征收T_L，且税率相同，则相当于对所有要素征收税收T_T，其原因在于，如果对各种来源的收入分别按相同的税率征收分类所得税,其效果等于将所有经济部门的资本收入汇总相加,并按与前相同的税率统一对资本收入征收所得税。

如果政府既征收 T_{LF} 又征收 T_{LM},且税率相同,则相当于对工资收入征收税收 T_L。其原因在于,如果两个部门的劳动者工资收入分别按相同的税率征收所得税,其效果等同于对社会全部劳动者工资收入按与前相同的税率统一征收所得税。

如果政府既征收 T_{KF} 又征收 T_{LF},且税率相同,则相当于对食品产出征收税收 T_F。其原因在于,对同一部门的资本收入和劳动者收入分别按相同的税率征收所得税,其效果等于政府对该部门的全部收入额或增值性流转额征收了流转税。

如果政府既征收 T_{KM} 又征收 T_{LM},且税率相同,则相当于对制造业产出征收税收 T_M。其原因与上一个情况相同。

(二) 商品课税归宿的一般均衡分析

根据上述模型,首先可以对商品课税的转嫁与归宿进行均衡分析。

在应用这个模型时,要有以下几个假设条件:每个生产部门都使用资本和劳动力这两种生产要素,但部门间所使用的资本和劳动力的比例不一定相同,资本与劳动力的替代率可以不一样;资本和劳动力可以在各个生产部门间自由流动,而造成这一流动的原因在于部门间收益率的差异;总的生产要素供给量固定不变,即劳动力和资本的供给总量是一个常量,政府征税不会造成劳动力和资本的供给总量的变动;所有消费者的行为偏好相同;税种之间可以相互替代;市场处于完全竞争状态。

以模型中所涉及的 T_F,即食品税为例,来说明商品课税归宿的一般均衡分析。

从消费者的角度看,政府对食品征税之后,消费者会减少食品的购买量,而将部分购买力转向服装。故对服装的需求量会增加,服装的价格也会因此而上涨。随着服装价格的上涨,食品价格又会相对有所下降。于是,税收负担的承担者从食品的消费者扩展到所有其他商品的消费者。也就是说,食品税的负担不仅会落在食品消费者身上,也同样会落在所有其他商品的消费者身上。从生产者的角度看，政府对食品征税之后，随着食品业收益率的下降，食品业的生产要素会向制造业流动。假定两个行业资本和劳动力之间的替代率不同，食品业属劳动力密集型，制造业则是次劳动力密集型的行业。这就意味着，随着社会商品结构的变化，各种生产要素的需求结构也会发生变化。食品业流动的劳动力相对较多，资本相对较少。而制造业扩大生产规模所需要吸收的劳动力相对较少，资本相对较多。这就造成制造业劳动力供给相对宽松，资本供给则相对紧张。食品业流出的劳动力若要为制造业所吸收，劳动力的相对价格必须下降。而劳动力的相对价格一旦下降，税收负担就会有一部分落在劳动者的身上。而且不仅食品业的劳动者要承担税负，制造业的劳动者也要承担税负。如果情况相反，食品业属次劳动力密集型，制造业是劳动力密集型。那么，由于食品业流出的劳动力相对较少，资本相对较多。而制造业扩大生产规模所需要吸收的劳动力相对较多，资本相对较少，制造业的劳动力供给相对紧张，资本供给相对宽松，也会造成资本相对价格的下降。随着资本相对价格的下降，税收负担就会有一部分落在资本所有者的身上。而且不仅食品业的资本所有者要负担税收，制造业的资本所有者也要负担税收。

由上述分析可见，对某一生产部门的产品课税，其影响会波及到整个经济。不仅该生产部门产品的消费者要承担税负，其他生产部门产品的消费者也要承担税负。不但该生产部门的生产者和生产要素提供者有可能承担税负，其他生产部门的生产者和生产要素提供者也可能承担税负。据此得出的结论是：整个社会的所有商品和所有生产要素的价格，几乎都可能因政府对某一生产部门的某一产品的课税而发生变动，包括消费者、生产者和生产要素提供者在内的所有人，几乎都有可能成为某一生产部门的某一产品税收的直接或间接的归宿。

(三) 生产要素收入课税归宿的一般均衡分析

以模型中所涉及的 T_{KM}，即对制造业资本收入的课税为例，来说明生产要素收入课税归宿的一般均衡分析。

政府对制造业资本收入征税之后，会产生两个方面的影响，即收入效应和替代效应。

从收入效应来看，政府对制造业资本收入征税，而对食品业资本收入不征税，会造成制造业资本收益率相对下降，从而应税的制造业资本向免税的食品业流动。伴随这一流动过程，制造业的产品数量减少，资本收益率上升。食品业的产品数量增加，资本收益率下降。只有当两个行业的资本纯收益率被拉平时，资本的这种流动才会停止。其结果，不仅制造业的资本所有者承担了税负，通过资本从制造业向食品业的流动以及由此而带来的资本收益率的平均化，食品业的资本所有者也承担了税负。也就是说，政府对制造业资本收入的课税负担，最终要被应税的制造业和免税的食品业的资本所有者所分担。

从替代效应来看，政府对制造业资本收入征税，而对劳动力收入不征税，会促使制造业生产者倾向于减少资本的使用量，而增加劳动力的使用量，即以劳动力替代资本，从而造成制造业资本相对价格的下降。进一步看，随着制造业生产要素向食品业的流动，这种替代效应也会在食品业发生。不仅制造业资本所有者的税负会变本加厉，食品业资本所有者的税负也会出现同样情形。也就是说，政府对制造业资本收入的课税，会通过生产要素配置比例的变化（多使用劳动力，少使用资本），导致两个行业的资本所有者承受较政府所征税额为重的负担。这是因为，以劳动力替代资本的过程，就是对劳动力的需求相对增加，而对资本的需求相对减少的过程，同时，也就是劳动者的工资率相对上升，而资本的收益率相对下降的过程。

通过上述分析，可以得出这样一个结论：政府对某一生产部门的某一种生产要素收入的课税，其影响亦会涉及到整个经济。不仅该生产部门的资本所有者要承担税负，其他生产部门的资本所有者也要承担税负。整个社会资本的所有者不但要承担相当于政府所征税收的负担，还有可能承担较政府所征税收为多的额外负担。

第五章　税种设置与税制结构

第一节　税种设置与税种分类

一、国民经济循环中的税种设置

在市场经济条件下，税种的设置需要结合国民经济的循环运动来进行考察，这样不仅可以很好地分析不同税种对国民经济运行的影响，同时也能够更清楚地体现政府调节经济运行的意图。

任何一个国家的国民经济运行都是一个周而复始、不断循环的过程。经济学家马斯格雷夫在《财政理论与实践》中，曾提出一个"两部门模型"。"两部门模型"描述的是在一封闭的经济体系中，整个国民经济只有家庭（或居民）和企业（或厂商）两类主体，同时存在两种市场，即要素市场与产品市场。家庭是生产要素的所有者，它通过要素市场向企业出售其拥有的生产要素，同时也通过产品市场向企业购买产品和劳务；而企业是产品和劳务的生产者，它通过产品市场向家庭出售其生产的产品，同时也通过要素市场向家庭购买生产要素。

家庭出售生产要素和购买产品以及企业出售产品和购买生产要素的行为，使得整个经济运行中存在着两种方向相反的循环运动：一个是收入和支出按照顺时针方向进行的"货币流"，另一个是产品和要素按照逆时针方向进行的"实物流"。家庭向企业提供各种生产要素，并从企业那里取得收入，从而形成居民收入。一部分居民的收入将被用于居民自身的消费，并通过在消费品市场上购买企业提供的产品和服务，从而形成企业的产品和服务销售收入；另一部分居民的收入将被用来储蓄，并通过资本市场以投资支出的形式进入资本品市场购买企业提供的资本品，从而形成企业资本品的销售收入。企业的销售收入形成后，首先要从中扣除购买原材料、零部件等的支出款项，然后计提固定资产折旧，剩余的部分则用于支付工资薪金、用利润购买资本和其他生产要素。生产要素的供给者通过要素市场获得各种生产要素所获得的报酬，包括工资、股利、利息和租金等，最终又转化成居晋民的收入。此外，企业还保留了一部分没有进行分配的利润，这些未分配利润或者说留存利润加上折旧构成企业储蓄。企业储蓄和家庭储蓄一起形成投资资金，用于购买资本品。这样，就完成了家庭和企业的收支循环。整个国民经济就是由周而复始的循环运动着的家庭和企业的收支组成的有机体。

在现代社会，各国一般都是根据货币资金流动以及商品和劳务流动的具体特征，在国民经济循环中选择并确定一些课税点或课税环节来征税。在国民经济循环中的不同课税点，可以课征不同的税种。

二、税种分类

在现代社会，各国的税收体系通常都是由多个不同的具体税种构成的。为了实现各个税种之间的有效协调与配合，就必须把握这些税种相互之间的区别与联系，因此根据相应的标准对不同的税种进行分类是非常必要的。

（一）以课税对象性质为标准分类

以课税对象性质为标准，可以将税种分为所得税、商品税和财产税等。这是最基本也是最为常见的税种分类。

所得税是对纳税人的所得额或收益额进行的课征。根据要素所有者性质的不同，所得税可以区分为个人所得税和企业所得税。根据税款用途的不同，所得税可以区分为一般性质的所得税和社会保障税。商品税是对商品或劳务交易中的流转额或增值额进行的课征。根据课税对象自身性质的不同，商品税可区分为对商品的课税和对劳务的课税。根据课税对象流通领域的不同，商品税又可区分为国内商品和劳务税与国境商品和劳务税。财产税是对纳税人所有的财产或归其支配的财产按价值或数量进行的课征。在各国的税收实践中，还存在一些性质比较模糊的税种，无法归入所得课税、商品课税或财产课税中的任何一类，所以一般将其称为"其他税"。

（二）以税收负担是否容易转嫁为标准分类

以税收负担是否容易转嫁，或者说以纳税人与负税人之间的关系为标准，可以将税种分为直接税和间接税两大类。这种分类方法与税收经济分析有着密切的联系。

直接税是直接向负税人征收的各种税，其基本特点是纳税人不能或不容易把自己缴纳的税款转嫁出去，纳税义务人同时是负税人。正因为在税收的征纳过程中，政府与负税人之间的关系是直接的，两者之间不存在第三方，所以将其称为"直接税"。一般认为，所得税和财产税属于直接税的范畴。

间接税是间接对负税人征收的各种税，其基本特点是政府直接向纳税人课税，但纳税人能够通过某种方式将其缴纳的税款转嫁给其他人来承担。正因为在税收征纳过程中，政府与负税人之间介入了纳税人，使得两者之间的关系变成间接的，所以将其称为"间接税"。一般认为，商品税属于间接税的范畴。

（三）以课税的着眼点为标准分类

以课税的着眼点或以课税的主、客体为标准，可以将税种划分为对人税和对物税。

对人税通常是指税收主体与客体有直接关联的税收，它以主体的"人"为基础。在具体的课征过程中，对人税表现为一种由人及物的过程，即首先指向某个人，然后才指向与这个人具有一定连接关系的物。在税基的计算上，对人税往往要考虑各个人的经济收入及其家庭等基本状况，并据以确定其纳税能力。早期的对人税一般按人头或按户征收，如人头税、人丁税和户捐等。对人税的现代形式主要是所得税和一般财产税。

对物税通常是指税收主体与税收客体之间没有直接关联的税收，它以客体的"物"为基础。在具体的课征过程中，对物税表现为一种由物及人的过程，即首先指向某种物，然后才涉及与该物具有一定关联的人。在税基的计算上．对物税往往以物的价格、金额或数量为依据，而不考虑与该物存在归属关系的人的收入和家庭状况等因素。对物税的现代形式主要是商品税和特种财产税。

对人税与对物税的区分，对税收公平的实现是有其积极意义的。所有税种的税收负担最终都是由人来承担的，在判断是否实现了税收公平时，必须由在个人之间形成的税收负担分配情况来决定。开征对人税可缓和贫富悬殊，调节社会成员之间收入和财富的分配，符合税负公平和量能课税原则；而对物税不分贫富课征相同比例的税收，有失公平。从这个角度看，对物税不如直接按个人纳税能力课征的对人税。但是，由于涉及人的各种情况，所以对人税的征收管理更为复杂和烦琐；相比较而言，对物税的课税对象明确，征收管理更为简便。

（四）以课税的计税方式为标准分类

以课税的计税方式为标准，可以将商品税分为从价税和从量税。

从价税以课税对象及其计税依据的价格或金额为标准，按预先确定的税率计征，它是商品税的主要计税方法。从价税大多采用比例税率，其应纳税额往往随商品价格的变化而相应地变化。

从量税以课税对象的实物量，如重量、数量、容积或面积等为标准，按预先确定的税率计征。从量税主要采用定额税率，其应纳税额与应税对象的价格无关，不受其价格变动的影响。

在从量税下，应缴税额不会受到与税基无关的产品属性的影响，但从价税形式下的应缴税额则会受到所有反映在价格里的产品属性的影响，因而两种计税方式对应税产品的生产和消费的影响是不同的。如各国对啤酒的课税大多采用从量税的形式，这在一定程度上推动了啤酒生产厂商去开发一系列不同规格的啤酒，包括更为高档的产品，因为这些产品的价格高，但却承担着与廉价产品相同的税收负担；而从价税仅仅反映了绝对价格差异，不改变商品的相对价格，降低了企业改进产品质量的激励，不利于生产厂商对产品品质进行昂贵的改进。

（五）以税收与价格之间的关系为标准分类

以税收与价格之间的关系为标准，可以将从价课征的商品税分为价内税和价外税。

价内税以含税价格为商品税应纳税额的计税依据，其基本特点是税款作为组成部分包含在商品价格之中，税收负担较为隐蔽，税款随着商品销售而实现，有利于及时取得财政收入。价外税则以不含税价格作为商品税应纳税额的计税依据，其基本特点是税款独立于商品价格之外，税收负担较为明显，容易让纳税人感到切身利益的损失，而且征收管理相对要复杂一些。一般认为，在其他因素保持不变的情形下，价内税较价外税更容易实现税负转嫁。在各国的税收实践中，价内税主要向生产者征收，而价外税侧重于向消费者征收。

（六）以税收收入的用途为标准分类

以税收收入的用途为标准，可以将税种分为一般目的税和指定用途税。

一般目的税是税收收入主要用于满足政府一般财政支出需要的税种，也被称为"普通税"。一般目的税主要基于支付能力原则来课征，它是各国税收收入的主体。

指定用途税是收入主要用于满足政府特定财政支出需要的税种，它也常常被称为"特别目的税"。指定用途税一般基于受益原则，它的课征与政府的某项活动或支出项目之间存在直接的利益关系。指定用途税有助于提高资源配置效率，可以反映成本、约束需求，并在一定程度上抑制支出的过度膨胀。在各国的预算管理中，指定用途税取得的收入一般都采用特别预算加以处理，但这种方式在一定程度上破坏了政府预算的统一性，同时使得政府的财政收入结构缺乏弹性，所以各国普遍对指定用途税的规模进行限制。

（七）以税收收入的归属为标准分类

以税收收入的归属为标准，可以将税种分为中央税、地方税和中央地方共享税。

中央税是由中央政府征收管理并支配其收入的税种。地方税指的是收入由地方政府支配并由地方政府征收管理的税种。收入由中央与地方政府按照一定比例分配的税种是中央地方共享税。各国财政体制都会对本国税收体系中哪些税种属于中央税、哪些税种属于地方税以及哪些税种属于中央地方共享税做出具体规定。

（八）以在税收体系中的地位为标准分类

以在税收体系中的地位为标准，可以将税种分为主体税种和辅助税种。

主体税种是指在税收体系中占据主导地位的税种。主体税种的课税对象在国民经济中覆盖面广泛，而且稳定存在，它具有课征普遍、税收负担分布较广和税源丰富等特征，是政府财政的主要收入来源。不同的国家或同一个国家在不同的时期，主体税种可能会有较大的差别。一般来说，经济发展水平较高、税收管理水平较高的经济发达国家，多选择所得税作为主体税种；而经济发展水平相对落后、税收管理水平有限的发展中国家，多选择商品税作为主体税种。

辅助税种是在税收体系中起补充、配合作用的税种。作为辅助税种的各种税，是相对主体税种而言的，在以所得税为主体税种的国家，商品税和财产税是辅助税种，而在以商品税为主体税种的国家，所得税和财产税又变成了辅助税种。

（九）以税收的征收实体为标准分类

以税收的征收实体为标准，可以将税种分为实物税、劳役税和货币税。

实物税、劳役税和货币税分别是指政府向纳税人征收的税是以实物、劳役或货币的形式上缴。在自然经济下，整个经济的货币化程度比较低，政府征税主要是以实物形式进行的，如中国历史上的"布缕之征""粟米之征""田赋之征"等；此外，政府征税也采用劳役形式，如各类公共工程的建造等。与实物税和劳役税相比，货币税征收和缴纳的标准易于统一，结算便利，而且也有利于税收广泛介入金融经济，充分发挥其调控作用。随着社会经济的发展和进步，整个经济的货币化程度也在逐步提升，货币税也随之成为主流。

（十）以征收有无连续性为标准分类

以征收有无连续性为标准，可以将税种分为经常税和临时税。

凡是未经立法程序宣告废止之前，政府每个预算年度均征收的税种通常被称之为"经常税",它是一种具有规则性和连续性的课征,其取得的收入主要用于满足政府一般财政目的的需要。

凡政府因发生特别事件而课征的税种,通常称之为"临时税",作为临时性的课征措施,其取得的收入主要用于满足政府在特定情况下的财政需要。一旦政府特定的财政需求得到满足之后,临时税一般都要退出历史舞台。如果不加控制,开征临时税非常容易滋生一些弊端。

当然,经常税与临时税的划分也不是绝对的,有些临时税开征以后,也会慢慢演变成经常的税。如各国现阶段普遍开征的所得税,最初就是英国为筹措战争经费而开征的临时税,但现在已发展成非常重要的经常税。

第二节 税种制度要素

一、纳税人

税种制度中的"纳税人",指的是根据税法的规定直接负有纳税义务的单位和个人,它也常常被称为"纳税义务人"。纳税人既可以是自然人,也可以是法人。每一个税种都规定有各自独立的纳税人。确定一个税种的纳税人,是通过此税种处理政府与纳税人之间分配关系的首要条件。

"负税人"和"扣缴义务人"是与"纳税人"存在一定关联关系的两个概念。负税人是税款的实际负担者。对部分税种而言,税款最终是由纳税人自己承担的,在这种情况下,纳税人就是负税人;也有一些税种,税款虽然是由纳税人缴纳的,但纳税人却可以通过一些途径和方式将税款转嫁给其他人负担,在这种情况下,纳税人不等同于负税人。

扣缴义务人,是税法规定的在其经营活动中负有代扣税款并向国库缴纳税款义务的单位和个人。在税收的征收管理中,一部分税种的纳税人数量较多,而且税源比较分散。在这种情况下,各国一般都规定支付款项的经济活动主体为扣缴义务人。之所以要规定扣缴义务人,一方面是因为采用源泉预扣的方法,可以有效防止偷逃税的发生;另一方面,也可以在一定程度上简化纳税手续、节省征税成本。

二、课税对象

课税对象是政府征税的客体或目的物，它表明政府到底对什么样的东西征税。作为税种制度中最基本的要素之一，课税对象在总体上确定了税种的课税范围，具体规定着税种征收的基本界限，同时也是一个税种区别于另一个税种的根本性标志。不同的税种之所以在名称、性质及其功能等方面存在差别，在相当大的程度上可以归因于课税对象的不同。课税对象既可以货币形态存在，也可以实物形态存在。

课税对象只是决定了征税客体的一般外延。为了计算应缴税额，在税种制度中还必须对课税对象做出具体的规定，这就是税目和税基。税目是税法规定的课税对象范围内的具体项目，它是课税对象"质"的表现，代表政府征税的广度。规定税目，首先是征税技术上的需要。在现实生活中，只有少数税种的课税对象较为简单明确，没有另行规定税目的必要，绝大多数税种的课税对象都规定得比较笼统，需要在内容上加以明晰，以确定征税的具体范围。凡属于税目规定范围之内的项目，都要征税，不在规定税目范围内的就不征税。规定税目，也是贯彻税收政策的需要。对需要抑制发展的税目，可以制定较高的税率；反之，则可以制定较低的税率。税目的设置方法主要有列举法和概括法两种。在列举法下，按照每一征税项目一一列举，分别设置税目，它一般适用于税源大、界限清楚的课税对象。列举法又可进一步细分为正列举法和反列举法。正列举法将凡属于本税目征收范围的项目予以具体列举，未列举的则不属于本税目的征收范围。反列举法则将凡不属于本税目征收范围的项目予以具体列举，未列举的属于征税范围。采用列举法，税目设置界限比较明确，便于征收管理，也有利于体现税收政策，但设置的税目一般都较多，相应的制度安排也比较复杂。概括法对同一课税对象用集中概括的方法将其分类归并，性质相近的征税项目概括在一起作为一个税目。在这种方法下，税目数量少，相关的制度安排也相对简单，但每个税目包含的范围较大，界限容易混淆。

税基指的是政府征税的基础。从"质"上来把握税基，其实就是政府的课税对象。税种不同，税基亦不同，如商品税的税基是商品销售额或增值额，所得税的税基是各种所得额。税基的选择是一个国家税制建设过程中的重要问题，因为它直接关系政府财政收入的规模和社会经济政策的效果。可供选择的税基往往会随着社会经济的发展而变化。在现代市场经济条件下，可供选择税基的范围比较广，商品交易、企业利润、个人所得、消费支出以及财产的转移等，都可以作为税基。政府课税一般都会选择覆盖面宽广、税源充裕的税基。

从"量"上来把握税基，就是计算应缴税额的依据或标准，它也被称为"计税依据"。税基直接决定税额的大小，在其他因素保持不变的前提下，扩大税基会增加应缴税额，缩小税基会减少应缴税额。税基的计量单位通常有实物和货币两种形态。税基计量单位的选择，也直接制约着税率的具体形式。当选择重量、面积、数量或容积等实物量来度量税基时，一般采用定额税率；当选择收入和利润等价值量来度量税基时，与之相对应的税率形式是比例税率或累进税率。在许多情况下，税基直接是课税对象数量的某种表现形式，如对商品征税，税基往往是商品的交易额。在有的情况下，税基只是课税对象的一部分，而不是它的全部，如对企业所得征税时，课税对象数额是全部所得额，但税基却是从中做了一些扣除之后的余额；在对个人所得征税时，税基是全部所得中超过免征额的部分。

三、税率

税率是应纳税额与课税对象数额之间的比例，它不仅是计算税额的尺度，更是一个非常重要的税收政策工具。在课税对象既定的情况下，税率的高低反映了政府征税的深度，也直接关系政府财政收入的多少和纳税人负担水平的高低，它是一定时期内政府社会经济政策和税收政策的具体体现。税率有比例税率、定额税率、累进税率和累退税率等四种基本形式。

（一）比例税率

比例税率是对同一课税对象或同一税目，不论其数量大小都按同一百分比例征税的税率形式。比例税率有单一比例税率、差别比例税率和幅度比例税率三种形式。单一比例税率是指一个税种只规定一个税率，所有纳税人都按同一个税率计算应纳税额。差别比例税率是一个税种规定有两个或两个以上的比例税率，它具体又可区分为产品差别比例税率、行业差别比例税率和地区差别比例税率三种形式。幅度比例税率指的是税法规定出最高税率和最低税率，各地区可自行在此幅度内因地制宜地确定本地区实际采用的税率。

比例税率的基本特点是税率不随课税对象数额的变动而变动，应纳税额与课税对象的数量之间成固定的正比关系。在比例税率下，应纳税额的计算比较简单，也便于征收，而且适用面比较广，在商品税制、所得税制和财产税制中都得到了规范应用，但用比例税率调节收入分配的效果不太理想。在现代社会中，税收还承担了一定的调节社会经济运行的职能，但单一比例税率却很难有效地体现出税收的这一职能，所以在各国的实践中，单一比例税率并不多见，较为常见的是差别比例税率和幅度比例税率。

（二）定额税率

定额税率往往根据课税对象某种实物形态的单位数量直接规定一个固定的税额，而不是规定征收比例，它也常被称为"固定税额"或"单位税"。在具体的税收实践中，定额税率又被区分为单一定额税率、差别定额税率、幅度定额税率和分类分级定额税率等几种形式。

定额税率的基本特点是，税率与课税对象的价值之间不存在直接的联系。在定额税率下，应缴税额的大小不受课税对象价值量变化的影响，纳税人实际税收负担的变化与课税对象价值量的变化是相反的，难以体现出量能课征的原则。定额税率的适用范围不大，主要适合于对价格稳定、质量等级和品种规格比较单一的大宗商品征收的商品税，财产税中的部分税目也采用定额税率。

（三）累进税率

在累进税率下，课税对象按某一标志数量的大小划分成若干个等级，不同等级规定相应的税率，课税对象标志的数量越大，税率定得就越高。累进税率的基本特点是税率等级与课税对象的数额同方向变动，相对符合税收的公平原则；从宏观层面上看，它还可以在一定程度上发挥稳定经济运行的功效，累进税率主要适用于对所得和财产的征税。

累进税率累进的依据有绝对数和相对数两种。以绝对数为累进依据的累进税率，常被称为"额式累进税率"。大部分采用累进税率的税种都是以绝对数为累进依据，如个人所得税等。

以相对数为累进依据的蒙进税率，常被称为"率式累进税率"。相比较而言，采用率式累进税率的税种并不多，在中国现行税收制度中，只有土地增值税采用这一税率形式。在率式累进税率下，累进税率表是按照某一相对量来确定级距的，如销售利润率等。中国土地增值税适用的率式累进税率，就是以增值额与扣除项目余额之间的比例（即增值率）为依据来确定的。

（四）累退税率

累退税率与累进税率的基本原理大体相同，只不过是在税率设计上恰恰相反。在累退税率下，课税对象标志的数量越大，税率越低。在现代社会中，几乎没有一个国家采用累退税率。但与之有一定关联的"累退性"概念，作为一种分析税收调节公平效果的工具，仍被广泛使用。

因为不同形式的税率具有不同的特征，所以它们在财政、公平和效率等方面所产生的效应也各不相同。从财政功能上看，采用比例税率取得的税收收入与税基是同比例增长的，其收入弹性等于1；采用累进税率的税种取得的税收收入往往会快于税基的增长，其收入弹性大于1；而采用定额税率的税种取得的税收收入不能随着税基的增长而同比例地增长，其收入弹性小于1。在实现社会公平方面，采用累进税率的个人所所得税的收入再分配效应最佳，比例税率次乏，而定额税率最差。在效率方面，比例税率和定额税率一般不会对经济活动主体的行为产生太大的影响，基本保持税收中性，然而累进税率却会在一定程度上影响经济活动主体的行为。

四、纳税环节、纳税地点和纳税期限

纳税环节指的是按照税法的规定，在商品流转的众多环节中，课税对象应当缴纳税款的环节。应税商品从生产到消费，中间往往要经过生产、批发和零售等多个环节,具体在哪个环节缴纳税款是一个非常重要的问题。合理选定和设置纳税环节,不仅对于税制结构的布局、税收负担的调节、税源的控制和保证政府及时取得财政收入有着重要的意义,而且对于方便税收征纳也有积极作用。根据选择纳税环节的多少,可分成一次课征制和多次课征制两种课征制度。一次课征制只在商品流转的某一个环节征税,而多次课征制在商品流转的两个或多个环节都征税。

纳税地点是纳税人应当缴纳税款的地点。纳税地点的确定关系税收管辖权的归属和是否便于纳税等问题,在税法中明确规定纳税地点也有利于防止漏征或重复征税。纳税地点既可以是纳税人的住所地,也可以是营业地、财产所在地或特定行为的发生地。通常情况下,纳税地点应与纳税义务发生地一致,在某些情况下,纳税地点和纳税义务发生地也可能不一致,如经过政府税务机关批准后,与总公司不在同一地点的分公司的利润可以在总公司汇总纳税。纳税地点的选择直接关系税收收入在不同地区之间的分配,因而在实行分级财政体制的国家显得尤为重要。

纳税期限具体是指纳税人发生纳税义务后,向税务机关缴纳税款的法定时间限度,它是税收的强制性和确定性在时间上的体现。规定纳税期限有利于政府财政收入的均衡和稳定,也有利于纳税人的资金调度和经费核算,对征纳双方都是有利的。税务机关一般会根据课税对象性质的不同和各行业生产经营活动的不同特点,来确定纳税期限的长短。确定纳税期限,包括确定结算应纳税款的期限和确定缴纳税款的期限。结算期限由税务机关根据纳税人应纳税款的多少逐一核定。结算期到了后,纳税还需要有办理纳税手续的时间。

第三节 税制结构

一、单一税制

单一税制是指一个国家在一定时期内只以一种事物为对象设置税种所形成的制度,具体的税种数量可以是一个,也可以是税种的经济性质相同的少数几个。由于所处历史时期的社会经济状况各不相同，不同国家的不同学者先后提出了单一消费税、单一土地税、单一所得税和单一资本税等多种不同的主张。

（一）单一消费税

单一消费税首先是在17世纪由以英国托马斯·霍布斯为代表的早期重商主义者提出的。他们认为，社会中的每个人都要消费，消费税可以反映出人民从政府活动中获得的利益，也只有消费税才能使税收负担普及全体人民，并限制贵族及其他阶层的免税特权。19世纪中叶，德国学者普费菲认为，消费是纳税人纳税能力的体现，消费多者，税收负担能力就强；消费少者，税收负担能力就弱，因而对消费品课税最能体现税收公平原则。

（二）单一土地税

单一土地税最早是18世纪由以法国布阿吉尔贝尔为代表的重农学派提出的。重农学派认为，土地是财富的唯一源泉，只有土地才能生产剩余产品，形成土地所有者的纯收益，也只有课于地租的税才不能转嫁，其他税收的负担最终都要归宿到地租身上，因而只有地租税才有存在的必要，其他各税均应废除。美国经济学家亨利·乔治是近代主张单一土地税的代表人物，他提出的"单一地价税"理论认为，土地私有制是造成贫困的根源，要消除贫困，就要废除土地私有制，但废除土地私有制困难很大，对土地价格征收地价税，将地租通过征税的形式收归社会，就可以起到将土地变为社会所有的作用。

（三）单一所得税

单一所得税最早是19世纪由法国人波丹提出的。他认为，所得税只是对少数富有者征收，最为公平合理，所得税富有弹性，能满足政府的财政需要，而且实行累进税率的所得税，还可以平衡社会财富。

（四）单一资本税

单一资本税最早是由法国的计拉丹等人提出的。这里所说的资本指的是不产生收益的财产，计拉丹等学者主张课税的标准是资本的价值，因为对资本课税既可以促使资本投资于生产，也能刺激资本的形成。

就理论上讲，单一税制的优点在于课征方法简单，征收费用少，税收负担相对较轻，而且对经济运行的扭曲也比较小。然而，由于课税对象单一，任何一个单一的税种都无法保证政府取得充裕、稳定和可靠的财政收入，而且也容易导致税源枯竭，并扭曲资源的配置，从而阻碍经济的发展。此外，任何单一税制都不可能覆盖全部或大部分的人和物，不满足普遍课税的原则，无法实现税收负担的公平分配，也不利于税收发挥其对社会经济的调节作用。正因为这样，在历史上从未有任何一个国家全面实行过单一税制，它只不过是纯理论上的设想。但不可否认的是，单一税制理论中所包含的简化税制、降低税率、扩大税基、减少对资源配置的扭曲以及对越来越复杂的累进税制进行适当的矫正等思想，即使对现代各国税收制度的建设与改革来说仍具有积极作用。

（五）复合税制

复合税制是指一个国家在一定时期内以多种事物为课税对象设置税种所形成的制度，它表现为经济性质不同的多个税种的同时存在。当今世界各国普遍实行复合税制。之所以如此，主要是因为复合税制在取得财政收入和调节社会经济运行等方面具有单一税制无法实现的优越性。

（六）复合税制可以确保政府取得充足的税收收入

复合税制下开征的税种数量多、课税面宽、覆盖面广，不论是社会再生产的哪一个环节或者是国民收入分配中的哪一个层次，凡是在社会经济运行中存在的事物或发生的事实，均可成为课税对象；凡是与课税对象相关的人，无论是自然人还是法人，也无论是本国人还是外国人，都负有纳税义务。在这种情况下，复合税制能够确保政府及时地取得充足的财政收入，以满足社会公共需要；与此同时，复合税制也使得政府的税收收入具有一定的弹性，可以适应社会经济形势的变化。

（七）复合税制能保证税收负担的公平分配

在复合税制下，课税对象与纳税人分布广泛，可以使税收负担分配到社会经济生活的各个领域，不会出现税负畸重或畸轻的现象，有利于社会经济的均衡发展。复合税制中的各个税种还存在相互配合、相互补充的关系，在主要按照支付能力原则分配税收负担的同时，还辅之以按照受益原则来分配税收负担，能够确保税收负担的分配基本做到公平合理，这有利于保持经济的正常运行和社会的稳定。

（八）复合税制可以使税收在多个方面对社会经济运行进行调节

不同性质税种的课税对象存在着较大差异，从而决定了不同税种对社会经济运行的影响也是不同的。复合税制中既包括所得税和商品税，也包括财产税和其他税种，这使得复合税制能兼容各个税种对社会经济不同的调控作用，可以对社会经济生活方方面面进行调节，有利于社会经济持续稳定地发展。

三、税制结构的模式

只有在复合税制下，才存在税制结构问题，这是因为只有在由多税系、多税种共同构成的复合税制中，才会涉及不同税系以及各税系内部各个税种之间的协调与配合问题。建立合理税制结构的关键是如何按照税收效率和税收公平两大原则的要求，解决好税种的配置问题。在现代社会经济条件下，按照税收原则的要求来配置税种，并不意味着开征的所有税种都同时符合税收原则的要求，而是要使各个税种之间相互协调、相互补充，尽量避免相互之间可能产生的冲突，从而形成一个能在总体布局上体现税收原则要求的税收体系。

除了处理好各税系、各税种之间的协调和配合外，税制结构还涉及主体税种的选择问题。在实践中，往往会有一个或几个税种成为政府筹集财政收入和调节社会经济运行的主体税种。复合税制的主体税种不同，会形成不同模式的税制结构。依照主体税种数量的不同，可将复合税制分为单主体税种、双主体税种和多主体税种等三种模式。单主体税种的复合税制是指在多个税种并存的情况下，以某一个税种为主体税种的制度。在不同的经济发展阶段，曾有过不同的税种发挥着主导作用，并因此形成了不同的单一主体税制模式。在小农经济条件下，土地税一直是占主导地位的税种；市场经济形成后相当长的一段时期内，实行的是以商品税为主体税种的税收制度；而在市场经济高度发达的国家则实行以所得税为主体税种的税收制度。双主体税种的复合税制是指在多个税种并存的情况下，以两个税种为主体税种的税收制度。多主体税种的复合税制则是指以三个或三个以上的税种为主体税种的税收制度。在具体的实践中，绝大部分国家的税种制度采用的都是单主体税种模式，双主体税种或多主体税种的税制模式并不多见。

第六章　中国现行税制体系

第一节　新中国成立以来税制的形成与变迁

一、1978年以前的税制改革

从1949年中华人民共和国成立到1978年约29年间，我国税制建设的发展历程十分坎坷。

新中国诞生后，我国立即着手建立新税制。1950年1月30日，中央人民政府政务院发布《全国税政实施要则》，规定全国共设14种税收，即货物税、工商业税（包括营业税和所得税两个部分）、盐税、关税、薪给报酬所得税、存款利息所得税、印花税、遗产税、交易税、屠宰税、房产税、地产税、特种消费行为税和使用牌照税。此外，还有各地自行征收的一些税种，如农业税、牧业税等。

在执行中，税制做了一些调整。例如，将房产税和地产税合并为城市房地产税，将特种消费行为税并入文化娱乐税（新增）和营业税，增加契税和船舶吨税，试行商品流通税，农业税由全国人民代表大会常务委员会正式立法。薪给报酬所得税和遗产税则始终未开征。

总的来说，从1950年到1958年，我国根据当时的政治、经济状况，在清理旧税制的基础上，建立了一套以多种税、多次征为特征的复合税制。由于党和国家的重视以及各方面的努力，这套新税制的建立和实施，对于保证革命战争的胜利，实现国家财政经济状况的根本好转，促进国民经济的恢复和发展，以及配合国家对于农业、手工业和资本主义工商业的社会主义改造，建立社会主义经济制度，发挥了重要的作用。

1958年，我国进行了建国以后第一次大规模的税制改革，其主要内容是简化工商税制，试行工商统一税，甚至一度在城市国营企业试行"税利合一"，在农村人民公社试行"财政包干"。改革之后，我国的工商税制共设9个税种，即工商统一税、工商所得税、盐税、屠宰税、利息所得税（1959年停征）、城市房地产税、车船使用牌照税、文化娱乐税（1966年停征）和牲畜交易税（无全国性统一法规）；1962年，又开征了集市交易税，1966年以后各地基本停征。

在"文化大革命"当中，已经简化的税制仍然被批判为"繁琐哲学"。1973年，我国进行了建国以后第二次大规模的税制改革，其核心仍然是简化工商税制。此次改革之后，我国的工商税制一共设有7种税，即工商税（包括盐税）、工商所得税、城市房地产税、车船使用牌照税、屠宰税、工商统一税和集市交易税。其中，对国营企业只征收一道工商税；对集体企业只征收工商税和工商所得税两种税，城市房地产税、车船使用牌照税、屠宰税仅对个人和极少数单位征收，工商统一税仅对外适用。

总的来看，从生产资料私有制的社会主义改造基本完成到1978年的20多年间，由于"左"的指导思想和原苏联经济理论及财税制度的某些影响，我国的税制建设受到了极大的干扰。税制几经变革，走的都是一条片面简化的路子。同时，税务机构被大量撤并，大批税务人员被迫下放、改行。其结果是，税种越来越少，税制越来越简单，从而大大地缩小了税收在经济领域中的活动范围，严重地影响了税收职能作用的发挥。

二、1978年至1982年的税制改革

在此期间，党的十一届三中全会明确地提出了改革经济体制的任务，党的十二大进一步提出要抓紧制定改革的总体方案和实施步骤，在"七五"期间（即1986年至1990年）逐步推开。这些重要的会议及其所做出的一系列重大决策，对于这一期间我国的经济体制改革和税制改革具有极为重要的指

导作用。

这一时期可以说是我国税制建设的恢复时期和税制改革的准备、起步时期,从思想上、理论上、组织上、税制上为后来的改革做了大量的准备工作,打下了坚实的基础。在此期间,我国的税制改革取得了改革开放以后的第一次全面重大突破。

从1980年9月到1981年12月,第五届全国人民代表大会先后通过并公布了中外合资经营企业所得税法、个人所得税法和外国企业所得税法。同时,对中外合资企业、外国企业和外国人继续征收工商统一税、城市房地产税和车船使用牌照税。由此初步形成了一套大体适用的涉外税收制度,适应了我国对外开放初期引进外资、开展对外经济技术合作的需要。

在建立涉外税制的同时,财税部门就改革工商税制和国营企业利润分配制度做了大量的调研工作,并在部分地区进行了试点。在此基础上,财政部于1981年8月向国务院报送了《关于改革工商税制的设想》,并很快获得批准。

1982年11月,国务院向五届全国人大五次会议提交的《关于第六个五年计划的报告》,提出了包括"利改税"在内的今后3年税制改革的任务,并获得会议批准。在此期间,国务院还批准开征了烧油特别税,发布了牲畜交易税暂行条例。

三、1983年至1991年的税制改革

1983年至1991年期间,我国社会主义经济理论的发展有了重大突破,如提出了发展有计划的社会主义商品经济,自觉运用价值规律,充分发挥税收等经济杠杆的作用,搞活经济,加强宏观调节等理论。在所有制理论上,提出了所有权与经营权分离的论点,并充分肯定了集体经济、个体经济和私营经济存在的必要性。这一时期也可以说是我国税制改革全面探索的时期,取得了改革开放以后税制改革的第二次重大突破。

作为企业改革和城市改革的一项重大措施,1983年,国务院决定在全国试行国营企业"利改税",即将建国以后实行了30多年的国营企业向国家

上缴利润的制度改为缴纳企业所得税的制度，并取得了初步的成功。这一改革从理论上和实践上突破了国营企业只能向国家缴纳利润，而国家不能向国营企业征收所得税的禁区。这是国家与企业分配关系改革的一个历史性转变。

为了加快城市经济体制改革的步伐，经第六届全国人民代表大会及其常委会批准，国务院决定从1984年10月起在全国实施第二步"利改税"和工商税制全面改革，发布了关于征收国营企业所得税、国营企业利润调节税、产品税、增值税、营业税、盐税、资源税的一系列行政法规。这是我国改革开放以后第一次，建国以后第四次大规模的税制改革。

此后，国务院又陆续发布了关于征收集体企业所得税、私营企业所得税、城乡个体工商业户所得税、个人收入调节税、城市维护建设税、奖金税（包括国营企业奖金税、集体企业奖金税和事业单位奖金税）、国营企业工资调节税、固定资产投资方向调节税（其前身为1983年开征的建筑税）、特别消费税、房产税、车船使用税、城镇土地使用税、印花税、筵席税等税种的法规。

1991年，第七届全国人民代表大会第四次会议将中外合资企业所得税法与外国企业所得税法合并为外商投资企业和外国企业所得税法。

至此，我国的工商税制共包括32种税，即产品税、增值税、营业税、资源税、盐税、城镇土地使用税、国营企业所得税、国营企业利润调节税、集体企业所得税、私营企业所得税、城乡个体工商业户所得税、个人收入调节税、国营企业奖金税、集体企业奖金税、事业单位奖金税、国营企业工资调节税、固定资产投资方向调节税、城市维护建设税、烧油特别税、筵席税、特别消费税、房产税、车船使用税、印花税、屠宰税、集市交易税、牲畜交易税、外商投资企业和外国企业所得税、个人所得税、工商统一税、城市房地产税和车船使用牌照税。

从1978年到1992年，随着经济的发展和改革的深入，我国对工商税制改革进行了全面地探索，改革逐步深入，取得了很大的进展，初步建成了一套内外有别的，以流转税和所得税为主体，其他税种相配合的新的税制体系，大体适应了我国经济体制改革起步阶段的经济状况，税收的职能作用得以全面加强，税收收入持续稳定增长，宏观调控作用明显增强，对于贯彻国家的经济政策及调节生产、分配和消费，起到了积极的促进作用。

这套税制的建立，在理论和实践上突破了长期以来封闭型税制的约束，转向开放型税制；突破了统收统支的财力分配的关系，重新确立了国家与企业的分配关系；突破了以往税制改革片面强调简化税制的框子，注重多环节、多层次、多方面地发挥税收的经济杠杆作用，由单一税制转变为复合税制。这些突破使中国的税制建设开始进入健康发展的新轨道，与国家经济体制、财政体制改革的总体进程协调一致。

四、1992年至1994年的税制改革

1992年9月召开的党的十四大，提出了建立社会主义市场经济体制的战略目标，其中包括税制改革的任务。1993年6月，中共中央、国务院做出了关于加强宏观调控的一系列重要决策，其中的重要措施之一就是要加快税制改革。同年11月，党的十四届三中全会通过了《关于建立社会主义市场经济体制若干问题的决定》，明确提出了税制改革的基本原则和主要内容。

建立社会主义市场经济体制战略目标的提出，给我国的经济改革与发展指明了方向，也给我国的税制改革带来了许多新情况、新问题，同时为全面推行税制改革提供了一次极好的机遇。从市场机制的角度来看，要求统一税法、简化税制、公平税负、促进竞争。从国家经济管理的角度来看，国家要运用税收等手段加强宏观调控，体现产业政策，调整经济结构，优化资源配置，调节收入分配，保证财政收入，并配合其他改革的推行。

为此，在中共中央、国务院的直接领导下，从1992年起，财税部门就开始了加快税制改革的准备工作，1993年更是抓住机遇，迅速制定了全面改革工商税制的总体方案和各项具体措施，并完成了有关法律、法规的必要程序，于1993年底之前陆续公布，从1994年起在全国实施。这是我国改革开放以后第二次，建国以后第五次大规模的税制改革。

经过1994年税制改革和多年来的逐步完善，我国已经初步建立了适应

社会主义市场经济体制需要的税收制度，对于保证财政收入，加强宏观调控，深化改革，扩大开放，促进经济与社会的发展，起到了重要的作用。

总的来说，1994年的税制改革，全面改革了商品劳务税，统一了企业所得税，规范了个人所得税，调整、归并了地方税，并开征一些特殊调节的税种。全部工商税种由32个减少到17个。具体包括：增值税、消费税、营业税、企业所得税、外商投资企业和外国企业所得税、个人所得税、资源税、土地增值税、城市维护建设税、土地使用税、房产税、车船使用税、证券交易税、印花税、遗产税和赠与税、固定资产投资方向调节税、屠宰税（其中，证券交易税、遗产税和赠与税未能开征）。主要内容如下：

（一）商品劳务税改革

商品劳务税改革以增值税为重点，对产品的交易和进口普遍征收增值税，并选择部分消费品交叉征收消费税，对不实行增值税的劳务服务业征收营业税。改革后的商品劳务税由增值税、消费税和营业税组成，统一适用于内资企业、外资投资企业和外国企业，取消产品税和对外商投资企业和外国企业征收的工商统一税。原来征收产品税的应税农林牧水产品改征农业特产税和屠宰税。从1994年1月1日起，正式实施《中华人民共和国增值税暂行条例》《中华人民共和国消费税暂行条例》《中华人民共和国营业税暂行条例》。

（二）企业所得税改革

企业所得税改革分两步进行，第一步从1994年起先统一内资企业所得税，相应取消国营企业所得税、集体企业所得税和私营企业所得税，待条件成熟后再统一内外资企业所得税。从1994年1月1日起，内资企业按《中华人民共和国企业所得税暂行条例》缴纳企业所得税，外资企业仍按原适用税种缴纳企业所得税。

（三）个人所得税改革

个人所得税改革是把原个人所得税，个人收入调节税和城乡个体工商业户所得税合并，建立统一的个人所得税。《中华人民共和国个人所得税法（修正案）》已于1993年10月31日在八届人大四次会议上通过，于1994年1月1日起实施。

(四) 其他税种改革

主要内容有：开征土地增值税；调整、撤并其他一些零星税种，包括取消集市交易税、牲畜交易税、奖金税和工资调节税，将盐税并入资源税中，将特别消费税和烧油特别税并入消费税；下放屠宰税和筵席税。原有税种不作改动的有外商投资企业和外国企业所得税、印花税、固定资产投资方向调节税。

五、2003 年之后的税制改革

进入 21 世纪以来，随着社会主义市场经济体制改革的不断深化，以及国内外经济社会环境的不断变化，对税制提出了进一步改革的要求。在 2003 年 10 月召开的党的十六届三中全会所作出的《完善社会主义市场经济体制若干问题的决定》中，简税制、宽税基、低税负、严征管成为税制改革的基本原则，并明确要求稳步推进税制改革。自此，我国新一轮税制改革拉开了序幕。主要内容包括：

(一) 商品劳务税的改革

2004 年 7 月 1 日起，对东北地区从事装备制造业、石油化工业、冶金业、船舶制造业、汽车制造业、农产品加工业产品生产、军品或高新技术产品生产为主的增值税一般纳税人扩大增值税抵扣范围；2007 年 7 月 1 日起，对中部六省老工业基地城市从事装备制造业、石油化工业、冶金业、汽车制造业、农产品加工业、电力业、采掘业、高新技术产业为主的增值税一般纳税人扩大增值税抵扣范围。自 2009 年 1 月 1 日起，在全国范围内，不分地区不分行业全面实行增值税转型方案，实施消费型增值税。

同时，2006 年 4 月 1 日起，调整和完善了消费税的有关内容。新增了高尔夫球及球具、高档手表、游艇、木制一次性筷子、实木地板等税目。增列成品油税目，原汽油、柴油税目作为该税目的两个子目，同时新增石脑油、溶剂油、润滑油、燃料油、航空煤油五个子目，取消了"护肤护发品"税目。调整了白酒、小汽车、摩托车、汽车轮胎等税目和税率。2009 年 1 月、5 月、8 月又分别对成品油、香烟和白酒消费税进行了调整。而 2016 年

10月1日则对化妆品的消费税政策进行了调整。即对高档化妆品减半征税，对普通化妆品不再征税。

为应对2008年席卷全球的国际金融危机，加快我国经济结构的转型，并进一步优化税制，经国务院批准，财政部、国家税务总局2011年11月16日联合印发了财税［2011］110号：《关于印发〈营业税改征增值税试点方案〉的通知》，财税［2011］111号：《关于在上海市开展交通运输业和部分服务业营业税改征增值税试点的通知》，从2012年1月1日起，在上海交通运输业和部分现代服务业开展营业税改征增值税试点。2012年8月1日起至年底，国务院扩大营改增试点至10省市，2013年8月1日，"营改增"范围推广到全国试行。2016年5月1日，原征收营业税的行业全部改为征收增值税。至此，营业税完全退出我国现行税制体系。

（二）企业所得税的改革

1994年所形成的内外资企业所得税分设的状况在2008年得到彻底改变，新企业所得税法已经于2007年3月份提交十届人大五次会议审议通过。新的企业所得税法通过统一税率水平，统一税前扣除项目，统一税收优惠政策体现国家的产业政策，促进不同类型的企业更加公平、规范的进行平等竞争。

（三）其他税种改革

为了鼓励社会投资、拉动经济增长。从1999年7月1日起，对固定资产投资方向调节税实行减半征收，从2000年1月1日起暂停征收固定资产投资方向调节税。

为了配合农村税费改革，2006年2月17日起，1950年12月19日政务院发布的《屠宰税暂行条例》被废止。2006年1月1日起，1958年6月3日政务院发布的《农业税条例》被废止，彻底告别延续了在中国持续了两千余年的"皇粮国税"——农业税。同时，为了引导烟叶种植和烟草行业的健康发展，稳定地方财政收入并规范烟草税制体系，我国于2006年4月26日由国务院公布了《中华人民共和国烟草税暂行条例》，以在中华人民共和国境内收购烟叶的单位为纳税人。

为了适应税费改革变化，2001年1月1日起，在原交通部门收取车辆购置费的基础上，通过"费改税"，征收了车辆购置税。

为了统一内外税制，公平纳税人的负担，2006年12月31日修订了《中华人民共和国城镇土地使用税暂行条例》，自2007年1月1日起，将城镇土地使用税的范围扩大到外商投资企业和外国企业。2006年12月29日通过了《中华人民共和国车船税暂行条例》，取代原有的《车船使用税》和《车船使用牌照税》，自2007年1月1日正式实施。2011年2月25日中华人民共和国第十一届全国人民代表大会常务委员会第十九次会议通过了《中华人民共和国车船税法》，自2012年1月1日起正式施行，这是新中国成立以来第一个财产税法，该法按排量分设七档税率。

此外，根据2008年1月《国务院关于废止部分行政法规的规定》，《中华人民共和国筵席税暂行条例》已被废止。2008年12月31日，国务院公布了第546号令，决定自2009年1月1日起，废止《城市房地产税暂行条例》，外商投资企业、外国企业和组织，以及外籍个人，依照《中华人民共和国房产税暂行条例》缴纳房产税。2010年12月1日起，外资企业统一征收城市维护建设税。

第二节　中国现行税制体系

税制体系是由一国法定征收的各个税种组成的有机系统。我国现行税制体系是在原有税制的基础上，经过1994年工商税制全面改革及2003年启动的新一轮税制改革的基础上形成的。我国现行税制体系是以商品劳务税为主体，其他税类为辅助税种的复税制体系，现共有17个税种，各税类包括的具体税种如下：

商品劳务税类。主要包括增值税、消费税、关税。

所得税类。主要包括企业所得税、个人所得税。

资源税类。主要是资源税。

收益税类。主要是烟叶税。

财产税类。主要包括房产税、契税、城镇土地使用税、车船税、土地增值税。

行为目的税类。主要包括印花税、城市维护建设税、耕地占用税、车辆购置税。

上述17种税中，除企业所得税、个人所得税、车船税是以国家法律的形式发布实施外，其他各税种都是经全国人民代表大会授权立法，由国务院以暂行条例的形式发布实施的。其税收法律、法规组成了我国的税收实体法体系。

除此以外，在税制体系中，还需要规定不同的税收管理法规，以保障各税种的贯彻实施，我国对税收征收管理适用的法律制度，是根据税收管理机关的不同而分别规定的：即由税务机关负责征收的税种的征收管理，按照全国人大常委会发布实施的《税收征收管理法》执行；由海关机关负责征收的税种的征收管理，按照《海关法》及《进出口关税条例》等有关规定执行。

上述税收实体法和税收征收管理的程序法的法律制度构成了我国现行税制体系。

第七章　中国现行税种分析

第一节　商　品　税

一、商品税概述

商品税，也称流转税，国际上称之为"商品及劳务税"。是指对商品的流转额和非商品营业额（提供个人和企业消费的商品和劳务）课征的各税种的统称。商品流转额，是指在商品生产和经营过程中，由于销售或购进商品而发生的货币金额，即商品销售收入额或购进商品所支付的金额；非商品流转额，是指非商品经营的各种劳务而发生的货币金额，即提供劳务所取得的营业服务收入额或取得劳务所支付的货币金额。

（一）商品税的特点

1. 商品税能够取得较为稳定的财政收入

商品税是针对商品和劳务交易行为进行的课征，其课税范围大、税基宽广、税源普遍，只要有人类存在，对商品和劳务的消费就不会停止，就会有商品和劳务交易行为的发生，就能使政府持续不断地获得商品税收入，而且商品税收入会随着经济的增长而增长，基本不受或较少受纳税人经营状况的影响。商品税能保证政府及时、稳定地获得财政收入，是众多发展中国家选择商品税作为主体税种的一个重要原因。

2. 商品税能够直接作用于市场活动

在生产环节课征的商品税常常会引起商品和劳务价格的上涨。商品和劳务价格的上涨，一般都会导致销售数量的下降，进而减少商品和劳务的供给。家庭或居民的收入主要用于消费和储蓄两个方面。征收商品税或提高商品税的税率引起的物价上涨，往往促使人们缩减消费，从而在一定程度上起到鼓励储蓄的作用。其次，商品税税率的调整余地较大，可以引导资源增量的投向和资源存量的转移，调节产业结构。商品税差别税率的运用，会直接影响商品和劳务的供需对比状况，有目的地鼓励或限制某些特定的行为，使资源得到有效利用，促进或阻碍政府的产业政策目标和其他目标的实现；此外，商品税纳税环节的确定以及税收的减免等，也会影响资源配置。

3. 商品税在税收负担上具有累退性

商品税通常对生活必需品课以较低的税率，而对高档消费品或奢侈品适用较高的税率。在这样一种制度安排下，主要消费生活必需品的中低收入者承担的商品税税收负担就不太重，而只有具有一定负担能力的人才会购买高档消费品，这样商品税就能在一定程度上使高收入者多负担税收。尽管如此，但从总体上看，商品税在税收负担上仍具有累退性：第一，直观上看，对商品课税，消费数量多，则承担的税收负担也就重一些，消费数量少，则承担的税收负担也轻一些。但是，个人的基本消费总是有限度的，个人消费品数量的多寡与个人收入并不完全成比例。由于边际消费倾向递减，所以随着个人收入的增加，个人消费支出占其收入的比重必然下降。越是富有的阶层，消费支出占其收入的比例越小；越是贫困的阶层，消费支出占其收入的比例越大。同样税率的商品税，穷人要用自己较多份额的收入去承担税负，而富人只需用其收入的较少份额就足以应对商品税的课征。从这个意义上说，穷人承受的税收负担相对更重一些。第二，由于不同商品的需求弹性各不相同，征收商品税引起的价格上涨往往是生活必需品最快，日用品次之，奢侈品最慢。而商品税的课征范围又偏重于生活资料，因此商品税的税收负担总是更多地落到低收入者的身上。第三，任何国家的富裕阶层总是少数，相对贫穷的阶层总是多数。不管是富裕阶层，还是贫困阶层，都要消费商品和服务，并承担一定的商品税。就总体而言，商品税的税收负担主要由居多数的贫困阶层承担。

4. 商品税的征收管理相对简便

许多国家都在生产环节课征商品税,纳税人主要是从事生产经营活动的企业,税源相对集中,易于控制,征收管理也比较方便。商品税一般按商品销售收入或劳务收入从价定率计征,或从量定额计征,课税对象可计量程度较高,不存在或很少有模棱两可的问题。相对于所得税而言,商品税的计算较为简单,征收简便易行,税收遗漏现象也较少。发展中国家的税收征管水平相对较低,这也是其较多选用商品税作为主体税种的一个重要原因。

(一)商品税税种的设置与分类

商品税税种的设置是以商品及其流通为基础的。商品按照用途可以分为消费品和资本品两大类。在商品的流通过程中,不同商品或同种商品经过的交易阶段和环节有多有少,它们相互交错、同时并存,构成一个错综复杂的商品流通过程。商品种类的多样性和商品流通渠道的复杂性,决定了商品税税种设置的多样性及其种类的复杂性。

(二)一般性商品税和选择性商品税

按照课税范围的大小分类,可将商品税分为一般性商品税和选择性商品税。

一般性商品税的课税范围比较广,它对全部或大部分商品和劳务课征,可以取得较多的财政收入,而且税率也比较单一,可以对社会经济的运行起普遍的调节作用,但它也存在税收负担分配不公等问题。周转税曾经是一般性商品税的主要形式,它具有课征简单、财政功能较强等优势,但也存在重复征税的致命弱点,这不仅破坏了税收中性原则,而且也不利于商品生产的专业协作,极大地阻碍了经济发展。目前,绝大多数国家都用多环节课征的增值税取代了周转税,只有少数国家把周转税改为单环节征收的零售税。

选择性商品税只对若干特定的商品和劳务课税,其课税范围一般较窄,取得的财政收入有限,不可能成为主体税种,但它却可以在公平、效率和财政目标上弥补主体税种的不足。有的国家选择某一种商品为课税对象单独设立税种,如烟税、酒税和汽油税等;有的国家选择部分商品为课税对象设立税种,如消费税、货物税等。选择性商品税往往根据具体的社会经济状况开征或停征,以灵活地实现政府的社会经济政策。征收选择性商品税的关键是,选择哪些商品和劳务来征税。政策目标不同,纳入课税范围的商品和劳务也就不同,所以各国的选择性商品税存在很大的差异。

一般性商品税和选择性商品税之间并不存在相互冲突、相互替代的问题,二者在相当大程度上是相互补充的。

(三) 单环节商品税和多环节商品税

按照课税环节的不同分类,可将商品税分为单环节商品税和多环节商品税。

单环节商品税只在商品的生产、批发和零售等环节中的某一个环节进行课税,它也被称为"一次课税制"。多环节商品税在商品的生产、批发和零售等环节中的两个或两个以上的环节课税,它也被称"多次课征制"。单环节商品税主要有制造税、批发税、零售税和关税等,而多环节商品税主要有周转税和增值税。

单环节商品税的课税对象非常明确、纳税人相对较少,而且征管也简单易行,这一优势在生产环节课征的商品税中体现得尤为突出;但是单环节商品税的税基相对狭小,财政功能也相应地弱一些,要取得一定的税收收入,单环节商品税的税率就要定得比较高,从而增加了逃税的诱因。在资源配置效率上,征收单环节商品税,商品和劳务的税收负担往往因产销形态的不同而存在差别,容易造成税收负担的不公平。多环节商品税的征收管理相对要复杂一些,但其税基广、税源多,可以用较低的税率取得与单一环节商品税一样多的税收,而且税收负担分配相对均衡。但是如果不注意税基的选择,多环节商品税也有可能造成重复征税。

二、增值税

增值税是以商品和劳务流转过程中的增值额为课税对象而征收的一种税,目前,增值税已成为世界各国商品税制最主要的存在形态。

(一) 增值税的课税对象与类型

增值税的课税对象是商品和劳务流转过程中的增值额或附加值。从经济意义上说,作为增值税课税对象的增值额,指的是经济活动主体在一定时期内通过自身的生产经营活动使得商品价值增加的数额，也就是企业的商品销售额或营业额扣除非增值项目后的余额。

"经济增值额"可以从两个方面来理解：第一，就商品流转的全过程而言，一种商品在生产流通过程中各个环节的增值额之和，等于该商品实现最终消费时的销售额。商品的生产流转过程一般包括原材料生产、产成品生产、批发和零售等四个环节。第二，就单个流转环节而言，增值额就是经济活动主体利用购进的商品和取得的劳务进行生产加工或经营而增加的价值额，它等于经济活动主体从当期的商品销售额或经营收入中扣除非增值项目后的余额，即产出减去投入。单个生产经营环节中的非增值项目包括转移到商品价值中的原材料、辅助材料、燃料、动力和固定资产折旧等，而增值额则包括经济活动主体在当期所支付的工资、利息、租金和取得的利润等。

"经济增值额"在理论上是非常明晰的，但在具体的征收管理中增值额的确定却往往会遇到这样或那样一些问题，所以各国的增值税制一般都统一规定了确定增值额的标准，明确哪些属于增值项目、哪些不属于增值项目，这既确保了增值税征收管理的顺利进行，也有利于实现税负公平。"法定增值额"是税法规定的在税收征收管理中作为增值税计税依据的增值额。各国税法对商品和劳务流转过程中法定增值额的界定，一般都是以经济增值额作为基础的，但又与经济增值额不完全一致。基于财政需要或调控经济方面等方面的考虑，不同的国家对"法定增值额"的界定也不尽相同。以增值税"法定增值额"的范围为标准，增值税可以分为生产型增值税、收入型增值税和消费型增值税等三种类型。

1. 生产型增值税

生产型增值税是以经济活动主体一定时期内商品与劳务的销售收入减去其所耗用的外购商品和劳务支出作为税基，并对之进行课征的一种增值税。生产型增值税的增值额用计算公式表示为

$$\text{生产型增值税的增值额} = \text{销售收入} - \text{外购商品和劳务支出}$$
$$= \text{工资薪金} + \text{利息} + \text{租金} + \text{利润} + \text{折旧}$$
$$= \text{消费} + \text{净投资} + \text{折旧}$$

在生产型增值税中，作为税基的增值额等于工资薪金、利息、租金、利润和折旧之和，从国民经济整体看，它与国民生产总值相一致，所以被称为"生产型增值税"或"毛收入型增值税"。生产型增值税的特点是，既不允许企业扣除购入的固定资产总额，也不允许企业扣除固定资产总额的折旧。

2. 收入型增值税

收入型增值税是以经济活动主体一定时期内商品和劳务的销售收入减去其耗用的外购商品和劳务支出以及资本品的折旧后作为税基，并对之进行课征的一种增值税。收入型增值税的增值额用计算公式表示为

收入型增值税的增值额＝销售收入－外购商品和劳务支出－当期资产折旧

＝工资薪金＋利息＋租金＋利润

＝消费＋净投资

在收入型增值税中，作为税基的增值额等于工资薪金、租金、利息和利润之和，从国民经济整体看，它相当于国民净产值或国民收入，所以被称为"收入型增值税"。收入型增值税的特点是，不允许企业扣除购入的固定资产总额，但允许企业以折旧的方式对购入的固定资产总额进行分期扣除。

3. 消费型增值税

消费型增值税是以经济活动主体一定时期内商品和劳务的销售收入，减去其耗用的外购商品和劳务支出，再减去本期所购入的资本品作为税基，并对之进行课征的一种增值税。消费型增值税的增值额用计算公式表示为

消费型增值税的增值额＝销售收入－外购商品和劳务支出

－当期购入的资本品价值

＝消费

在消费型增值税中，作为税基的增值额，从国民经济整体看，相当于全部消费品的价值，它不包括资本品的价值，所以被称为"消费型增值税"。消费型增值税的特点是，允许企业在购买时将购入固定资产的总额从税基中一次性扣除。

（二）增值税的税率

增值税的税收负担政策目标和征收管理特点都要求其尽可能地采用单一

的税率。只有在单一税率结构下，才有利于发挥增值税的优势，保持其中性。但是，增值税单一的税率也束缚了政府贯彻社会经济政策机制的运用，因而在实践中难以在大范围内推行，很多国家的增值税制采用的都是复式税率。

在增值税制的基本要素中，国与国之间差别最大的就是税率。各国增值税制不仅税率水平差别较大，而且税率档次也不尽相同，多的国家有三四档，少的国家只有一档，但采用两档或三档税率的国家仍居多数。从各国的情况看，增值税税率具体包括标准税率、非标准税率和零税率等三种形式。

1. 标准税率

增值税标准税率也被称为"基本税率"，它适用于一般性质的商品和劳务，体现的是增值税的基本课征水平。增值税基本税率的确定既要考虑政府的财政需要，也要考虑消费者的负担能力，它与本国的经济状况、税收政策、收入水平以及历史形成的负担水平密切相关。

2. 非标准税率

与标准税率相对应的是非标准税率。低税率是增值税非标准税率最主要的表现形式，相当多国家的增值税制都设定有低税率，这主要是为了促进社会公平或者促进文化、教育等"优值品"和节能设备等具有正外部性产品的消费。从理论上说，增值税非标准税率还包括高税率，但在实践中只有少部分国家的增值税制还设定了高税率。

低税率一般适用于税法单独列举的属于生活必需品范围内的商品和劳务，它体现了增值税的优惠照顾政策。有的国家的增值税制还设定有一般低税率和特低税率两档。高税率主要适用于税法规定的奢侈品和不利于社会公共利益的商品和劳务。设定高税率的目的主要是为了强化增值税的调控作用，它是政府限制特定产品消费政策的体现。目前，设置增值税高税率的国家已经不多了。

在增值税制中，低税率和高税率选择在哪一个环节设置是很重要的。课征环节设置不当，就达不到预期的效果。低税率和高税率的运用会影响最终消费者的税收负担，也会间接影响生产经营者，如对某一产品采用低税率，就会起到鼓励消费的效果，从而间接地起到鼓励生产的作用。一般来说，低税率和高税率应尽量设置在商品流转的最后阶段。

3. 零税率

除了标准税率和非标准税率外，很多国家的增值税制还设定有零税率。在所有税种中，唯有增值税设定了零税率。零税率与免税有相似之处，都免除了生产经营者某一特定环节商品交易活动的纳税义务。但零税率也不同于免税。严格来说，适用增值税零税率的产品也是要缴税的，只是在本环节缴纳的税款为零；不仅如此，增值税零税率产品的纳税人还可以要求退还生产零税率产品的投入品在以前环节已经缴纳的所有增值税，从而使零税率产品的价格中不含任何增值税，这实际上是一种"完全免税"；但在免税的情形下，该环节的生产者不能要求返还投入品在以前所有纳税环节已经缴纳的税收，仅是"一般免税"而已。

增值税零税率一般适用于出口商品和劳务，其主要目的在于避免对出口商品的双重征税。增值税的基本原则是，税款由最终的消费者承担。出口商品和劳务的最终消费者是进口国的购买者，进口国要对进口商品的购买者征税，如果出口国不对出口商品实行零税率，势必造成重复征税。同时，增值税零税率也是促进国际贸易发展的一项重要措施。零税率不仅免除了最后出口阶段的增值税，而且通过退税使出口商品和劳务不含任何税收。以不含税价格进入国际市场，会提高本国商品的竞争力。虽然其他商品税也可以实行出口退税，但都难以像增值税那样做到准确退税。除了出口商品外，基于公平、征管技术和征管成本等方面的原因，一些国家也对食品、书籍和医疗服务等商品和服务实行零税率。

(三) 增值税的计征方法

纳税人应缴增值税税额的确定，主要有税基列举法、税基相减法和税额相减法等三种方法。

1. 税基列举法

税基列举法是直接把纳税人一定时期内构成增值额的各个项目，如工资薪金、利息、租金、其他增值项目和利润等相加，然后再乘以适用税率计算

出应纳增值税额的一种方法，它也常常被称为"加法"。在税基列举法下，应缴增值税的计算公式为

增值税应纳税额＝增值额×适用税率

＝(本期发生的工资薪金＋利息＋租金＋其他增值项目＋利润)×适用税率

2. 税基相减法

税基相减法是从纳税人一定时期内商品和劳务销售收入中，减去同期可扣除的非增值项目，然后再乘以适用税率计算出应纳增值税额的一种方法，它也常常被称为"减法"。在税基相减法下，应缴增值税的计算公式为

增值税应纳税额＝增值额×适用税率

＝(本期应税销售额－可扣除的非增值项目)×适用税率

3. 税额相减法

税额相减法是先以纳税人一定时期内的商品和劳务销售收入额乘以适用税率，计算出至本环节为止的累计税额，即销项税额，然后再从中减去同期各外购项目已纳税额，即进项税额，从而得出应纳增值值税额的一种方法，它也被称为"抵扣法"。在税额相减法下，应缴增值税的计算公式为

增值税应纳税额＝当期销项税额－当期进项税额

＝当期应税销售额×适用税率－当期外购项目已缴增值税

根据抵扣税额确定的依据不同，税额相减法又可细分为"发票扣税法"和"账簿扣税法"。发票扣税法是以发票为依据来确定抵扣税额，而账簿扣税法则是以会计账簿为依据来确定抵扣税额。

在税率相同的条件下，上述三种方法计算出的应缴增值税额是完全一致的，但不同的方法在实践过程中却有繁简之分。因为相加的因素太多，具体认定经常发生困难，所以采用税基列举法存在诸多不便。税基相减法又由于在具体的项目中往往出现有的免税、有的减税，账户记载要求十分精确，如果有多档税率或免税项目，实行起来难度就更大了。实行增值税的国家，大多倾向于采用抵扣法，这主要是因为抵扣法很好地体现了"道道课税，税不重征"的特点，而且简便易行，具有较强的可行性。

在抵扣法中，各国普遍采用的是发票扣税法。账簿扣税法计算复杂，而且只在会计核算制度非常健全的背景下才能有效实施，它并不适合存在多档税率的增值税制；而发票扣税法具有计算简单的特点，而且也包含了一种内在的反逃税机制。在发票抵扣法下，纳税人要抵扣进项税额就必须以销售方开具的发票作为依据，而销售方开具的发票上注明的税款又是前一环节增值税纳税人的销项税额，这种计税方法在纳税人之间形成了一种自动钩稽关系，具有相互牵制、自动审核的效应，便于税务机关查核，有利于抑制偷漏税。

（四）增值税的免税项目

从理论上说，为了保持增值税的中性特征，增值税的课征范围应尽可能地广，免税项目应尽可能地少。然而，相当多的国家，如除了新西兰和土耳其外的所有 OECD 国家，都对若干行业或项目实行免税政策。一些国家因社会原因免除了医疗、教育和慈善等特殊行业的增值税，有的国家也因为实际操作方面的原因对税基难以确定的金融保险行业免征增值税，也有的国家因为历史原因对邮政服务、出租不动产、土地和建筑物的供给等免征增值税。

从某种意义上说，免税是对增值税基本原理的偏离，因为它中断了增值税环环课税的链条。免征增值税虽然免除了特定环节纳税人的增值税纳税义务，但与此同时进项税额也不能进行抵扣，使得以前环节已经缴纳的税款沉淀在销售价格之中。如果增值税免税发生在最终销售环节，则不会产生太大的问题，因为没有发生重复征税，结果仅仅是政府损失了一定的税款；然而，如果免征增值税发生在整个链条的中间环节，则不可避免地造成重复征税，它带来的扭曲可能非常显著。

三、消费税

消费税是对特定消费品或消费行为课征的一种税或一系列税种的总和，它是商品税体系中的一个重要组成部分。在历史上，消费税曾经是各国财政收入的重要来源。然而在经济发达国家采用以所得税为主体税种的税制模式后，消费税占税收收入总额的比重有较大幅度的下降，但在发展中国家，消费税收入仍占较大的比重。

(一) 消费税的课税范围和类型

1. 消费税的课税范围

消费税的应税项目是有限的，但不同国家消费税制的课税范围仍然是存在差异的，有的国家消费税制的课税范围宽一些，有的国家消费税制的课税范围则窄一些。一个国家消费税课税范围的宽窄，常常与本国的经济发展水平、财政状况以及税制结构等因素存在密切联系。

一般认为，一个国家消费税课税范围的选择应考虑以下几个方面的因素：第一，政府的财政状况。当政府的财政支出增长较快而税收收入又难以应对时，往往就会扩大消费税的课税范围以获得更多的财政收入。第二，调节社会经济运行的需要。当经济发展使社会成员之间的收入差距拉大后，政府通过对某些奢侈品或特殊消费品征收消费税来增加特定消费者的税收负担，从而对社会成员的收入状况进行适当的调节。第三，体现"寓禁于征"的精神。对危害健康和环境的商品，政府常以课征消费税的方式来抑制相关消费行为的发生。第四，历史因素。有些品目的课税，历史久远，人们有纳税习惯，如对盐的课征。不管如何确定消费税的课税范围，纳入课税范围的品目一般都具有生产集中、规格相对统一、产销量大和需求弹性小等特征。

2. 消费税的类型

(1) 有限型消费税

有限型消费税的课征范围主要局限于一些传统的应税品目，如烟草制品、酒精饮料、石油制品、机动车辆、软饮料、钟表、首饰、化妆品和香水等，征税品目一般在10～15种。在所有实行消费税的国家中，采用有限型消费税的国家占多数。

(2) 中间型消费税

中间型消费税的课征范围较有限型消费税要广一些，除了有限型消费税所涉及的课税品目外，还包括纺织品、皮革、皮毛制品、刀叉餐具、玻璃制品、家用电器、电动产品和摄影器材等，征税品目一般在15～30种。实行中间型消费税的国家占课征消费税国家总数的1/3左右。

（3）延伸型消费税

延伸型消费税的课征范围最广，征税品目一般在30种以上。除了中间型消费税包括的应税品目外，还涉及钢材、铝制品、塑料、树脂、橡胶制品、电缆和电池等生产性消费资料。实行延伸型消费税的国家占整个实行消费税国家的1/5左右。

从理论上说，消费税的课征品目应当是有限的，这样才能体现消费税调节消费和收入的功能。如果消费税应税的品目包罗万象，则与周转税或增值税无本质区别。然而，在实践中，一些国家的消费税制却在逐步地从有限型消费税往中间型消费税，甚至延伸型消费税发展。

（二）消费税的税率与计征方法

消费税的税率是消费税制的核心要素，它的高低直接关系消费税调控功能的发挥。消费税采用的税率形式，也决定着其计征方法。

1. 消费税的税率

消费税的税率过高，会抑制生产的发展，并导致税收收入的减少；消费税的税率过低，又起不到调节消费和收入的作用。尽管消费税的税收负担政策几乎没有什么规律可循，但各国消费税税率高低的确定仍有一些共同的特征：第一，社会公德要求限制消费的应税商品，税收负担一般都要重一些；第二，本国自产少于国外进口的应税商品，税收负担要重一些；第三，对于实行国家专卖的应税商品，消费税税收负担的轻重往往受价格的制约，价高利大的税收负担重一些；第四，符合供求规律和市场机制要求的应税商品，税收负担要轻一些；第五，政府财政依赖性大的重点应税商品，税收负担要重一些。中国现行消费税制中的税率设置，在很大程度上体现出了上述特征。

虽然各个国家普遍征收消费税，但税率却存在相当大的差别。同一商品，有的国家不征收消费税，有的国家只征收较轻的消费税，有的国家却课以重税。这种情形的出现，既有国情因素，也有历史传统、消费习惯以及国际影响等因素。

2. 消费税的计征方法

各国的消费税制均采用多样化的税率形式，具体包括比例税率、定额税率和复合税率等。与采用的税率形式相适应，应缴消费税税款的计税方法也有从价计征、从量计征和复合计征三种。

(1) 从价计征

在从价计征方式下，应当缴纳的消费税额以应税商品的销售价格为计税依据，然后再乘以适用税率计算得出。其计算公式为

消费税应纳税额＝应税商品销售价格（不含税）×税率

如果应税商品的销售价格是含税价格，则应先将含税价格转换为不含税价格后，再计算应纳税额，其计算公式为

$$消费税应纳税额 = \frac{应税商品销售价格（含税）}{1+税率} \times 税率$$

(2) 从量计征

在从量计征方式下，应当缴纳的消费税额以应税商品的销售数量为计税依据，然后再乘以规定的适用税额标准计算得出。其计算公式为

消费税应纳税额＝应税商品销售量×税率

(3) 复合计征

在复合计征方式下，应当缴纳的消费税额的计算把从价定率和从量定额的计税办法结合起来。其计算公式为

消费税应纳税额＝应税商品销售价格×比例税率＋应税商品销售量×定额税率

四、关税

关税是对进出口商品通过一国关境时征收的一种税。关税起源很早，千百年来一直是各国政府筹集财政收入、干预社会经济运行的重要工具。直至今日，关税仍是一个重要的税种。尽管现代关税的主要目的是保护本国产业发展和调节国际贸易关系，但在一些低收入国家，关税仍是一个重要的财政收入来源。在经济发达国家，虽然关税收入占全部税收收入的比重已经很低，但关税政策及其具体的课征方式对国际贸易的发展仍具有很大的影响。

相对于国内商品税来说,关税是一种国境商品税。国内商品税主要调节国内资源的配置,而关税却侧重于调节资源在国与国之间的配置。关税的课征范围、计税依据、计税方法等方面与国内商品课税有许多相同之处;但在课税环节上,国内商品税可选择多个环节,而关税却只能在商品的进出口环节课征。一些国家在进口环节征收的增值税和消费税,也在一定程度上具有关税的某种性质。

按照不同的标准,可以对关税进行多种分类。最常见的是按征收目的和按课税对象对关税进行分类。按征收目的的不同,关税可分为财政性关税和保护性关税。按课税对象性质的不同,关税可分为进口关税、出口关税和过境关税。

第二节 所 得 税

一、所得税概述

所得税是以纳税人的"应税所得"为课税对象开征各税种的总称。在现代社会中,各国普遍开征的所得税主要有个人所得税、公司所得税等。

(一) 所得税的特点

所得税以要素所有者占有的国民收入流量为税源,与其他课税体系相比较,它具有以下几个方面的特点。

1. *所得税的税源广泛*

所得税的课税对象是企业和个人的所得。企业和个人所得的来源种类繁多,既有劳务所得,也有经营所得,同时还包括财产所得,这些所得来源于整个经济资源和纳税人的经济活动。只要有所得,就可以征收所得税,而且随着经济资源的不断增加和纳税人经济活动的日益扩大,所得税收入也必然随之增长。

2. *所得税的税收负担分配相对公平*

所得税允许税前扣除,并设置了宽免额,从而保证了所得税的课征是建立在真实可靠的税基之上的，而且亏损企业和无收入的个人是不用缴纳所得税的，这与不管纳税人是否盈利、只要发生市场交易行为就要纳税的商品税相比，是完全不同的。

所得税一般在收入分配环节课征，其税收负担难以转嫁，作为纳税人的个人和企业将承担最终的税收负担。与此同时，所得税较多地采用累进税率，能够较好地针对纳税人的实际纳税能力来确定税收负担，调节收入和财富的分布，很好地体现了"多得多征，少得少征"的原则，有利于税收公平原则的实现。

3. 所得税符合税收中性原则的要求

所得税的征税环节单一，只要不存在两个或两个以上的课税主体，就不会出现重复征税，因而不会过多干扰正常的经济运行。所得税的应纳税额也不构成商品和劳务价格的组成部分，课征所得税一般不会影响不同商品和劳务之间的相对价格，也不会损害市场机制配置资源的效率。所得税是以纳税人的纯所得为课税对象，虽然课征所得税对纳税人的积累和扩大再生产会有一些影响，但由于纳税人可以进行必要的税前扣除，这就不会伤及税本，也不会侵蚀整个社会经济正常运行的基础。

4. 所得税的征管相对复杂，征收阻力大

所得税以纳税人的应税所得作为计税依据，这需要对实际所得额作适当的调整，对于个人来说，要计算个人总收入、免税额和扣除额等；对于企业而言，要核算企业的总收入、成本、费用和利润等；再加上累进税率的运用，所以所得税的计征要比其他税种复杂许多。个人所得税的课征，还面临纳税人数量多、税额相对较小、税源分散以及容易出现隐匿所得、申报不实等问题，其征收管理的难度要比其他税种更大一些。

与商品税的税收负担相对隐蔽不同的是，所得税的税收负担具有较强的直接性、公开性和透明性，它的课征让纳税人直接感受到经济利益的损失，容易引起对抗，因而征收阻力相对较大。

（二）对"应税所得"的界定

所得税是对"所得"课征的税。由于"所得"是一个内容宽泛的概念，因此要课征所得税,"应税所得"的界定就成为问题的关键之所在。对于什么是"应税所得",一直以来就有不同的看法,概括起来主要有"周期说""纯资产增加说""净值加消费说""交易说"四种。

1. 周期说

"周期说"又被称为"所得源泉说",其主要代表人是普伦。他认为,只有从一个可以获得固定收入的永久性"来源"中取得的收入,才应被视为是应税所得。在"周期说"中,应税所得是一个特定的概念,其关键点在于这种所得应具有循环出现、反复发生的永久性源泉的性质,而非固定性收入,如临时性和偶然性收入等,因为没有规则性而被排除在应税所得之外。

2. 纯资产增加说

"纯资产增加说"最早是由德国学者熊滋提出的。他认为,所得是在一定时期内新增加的并可随意支配的经济资产的总额,但要从中扣除所有应支付的利息和资本损失。"纯资产增加说"纯粹是从货币价值增加的角度着眼,不问所得来源是否具有规则性。这样,不仅反复连续发生的所得包括其中,同时还将被"周期说"排除在应税所得之外的临时性、偶然性和恩惠性的所得也纳入应税所得。

3. 净值加消费说

"净值加消费说"是由美国学者海格和西蒙斯在"纯资产增加说"的基础上提出来的。海格和西蒙斯认为,所得是在一定时期内纳税人个人消费能力净增加的货币价值,它等于在此期间的实际消费额加上财富净增加额。凡是能够增加一个人享受满足的东西,就应认为是所得;各种来源的所得,不论是经常性的,还是偶然性的,不论是规则的,还是不规则的,不论是已实现的,还是未实现的,都应列入应税所得的范围。根据这一学说,应税所得不仅包括货币所得,而且还包括房屋改良、机器修理后的重估溢价;不仅包括商品或劳务交换过程中发生的所得(即交易所得),而且还包括不经交易产生的所得,如自己生产的产品供自己使用等情况。

4. 交易说

"交易说"是会计学家们赞同的一种观点,它认为所得与交易有关。"交易说"中的所得指的是某一时期在交易基础上实现的全部收入，减去为取得这些收入而消耗的成本费用，再减去同期亏损之后的余额。

上述学说中，以在"纯资产增加说"基础上发展出的"净值加消费说"最完整，并为部分学者所接受，然而在实践中却很难完全适用。第一，依照这一定义，各种真实所得和实物所得的计入与价值的衡量，在税务行政上有难以克服的困难，而且非市场性消费项目也被包括在所得之内，也不合情理四；第二，资本增值的是否应视为所得课税，各国所采取的态度不同，即使认为应当课税的国家，也提出对未实现的资本增益课税应予区别，仅对已实现者课税；第三，关于由继承或赠与而取得的收入应否视为所得，大多数学者的意见仍然倾向于认为不是所得，主张分别处理。

在各国课征所得税的实践中，虽然没有一个国家固守上述学说中的某一种，但不同国家对上述学说的应用还是有一定的倾向性，如美国偏重于"纯资产增加说"，英国和法国曾经在一段时间内都倾向于"周期说"，但后来也逐步转向"纯资产增加说"，而许多发展中国家更倾向于"周期说"或"交易说"。

二、个人所得税

个人所得税是以个人或自然人取得的各项所得为课税对象征收的一种税。进入现代社会后，各国都普遍开征了个人所得税。在一些经济发达国家，个人所得税已经成为收入规模最大的一个税种。

（一）个人所得税的纳税人与课征范围

1. 来源地税收管辖权下个人所得税的纳税人与课征范围

"来源地税收管辖权"以一个国家主权所及的领土疆域为其行使税收管辖权的范围。根据这一税收管辖权，收入来源国政府有权对任何国家的公民取得的来源于该国境内的所得课税。在仅行使来源地税收管辖权的国家，只要一个自然人在该国取得收入，无论是否是该国居民或公民，均会被认定为该国个人所得税的纳税人，并在该国负有"有限纳税义务"，仅就其在该国境内取得的所得向该国政府缴纳个人所得税。

收入来源地的认定，是一个国家行使来源地税收管辖权的关键。在来源地税收管辖权下，只有在认定外国居民或公民与本国具有收入来源方面的连接因素的前提下，方可对其来源于本国境内的所得课税。各国通行的收入来源地认定标准，根据所得项目的不同而有所区别。

2. 公民税收管辖权下个人所得税的纳税人与课征范围

公民税收管辖权以本国公民身份为其行使管辖权的范围。根据这一税收管辖权，一国政府有权对本国公民在境内外取得的所有所得课税。在仅行使公民税收管辖权的国家，该国公民都是该国个人所得税的纳税人，并在该国负有"无限纳税义务"，需要就其在全球范围内取得的全部所得向该国政府缴纳个人所得税。

公民身份的认定，是一个国家行使公民税收管辖权的关键。公民身份的认定相对简单，由于公民身份的取得，必须以拥有国籍为前提条件，行使公民税收管辖权的国家通常以国籍作为区分公民和非公民的标准。在仅行使公民税收管辖权的国家，凡具有本国国籍，即确定为本国个人所得税的纳税人；而外国公民则被排除在本国个人所得税的纳税人范围之外。

3. 居民税收管辖权下个人所得税的纳税人与课征范围

居民税收管辖权以本国居民身份为其行使管辖权的范围。根据这一税收管辖权，居住国政府有权对在本国境内居住的所有居民在境内外取得的所得课税。在仅行使居民税收管辖权的国家，该国居民都是该国个人所得税的纳税人，并在该国负有"无限纳税义务"，需要就其在全球范围内取得的所有所得向该国政府缴纳个人所得税；而非该国居民则不是该国个人所得税的纳税人。

居民身份的认定，是一个国家行使居民税收管辖权的关键。居民指的是居住在国境内并受该国法律管辖的自然人。在居民税收管辖权下，无论是本国公民，还是外国公民，只要在一国境内居住并满足该国税法所规定的居民标准，就会被认定为该国居民。居民身份的认定相对复杂，各国通行的居民认定标准主要有住所、居所、居住时间以及意愿四种标准。

(二) 个人所得税的计税依据

个人所得税的计税依据是从个人获取的总所得中减除相关的可扣除项目后的余额，即应税所得。各国的个人所得税制允许从纳税人的总所得中扣除的项目，主要有成本费用和生计费用两部分。

1. 个人所得税的应纳税所得

个人所得税的"总所得"是一定时间内纳税人由于劳动、经营、投资或将财产提供给他人使用等各种渠道获得的所有收入。各国的个人所得税制都将"总所得"区分为"应纳税所得"和"非应纳税所得"两个部分。

不同国家的个人所得税制中的"应纳税所得"存在较大的差异，但就收入形态来看，各国纳入个人所得税应税所得的既有货币收入和实物收入，也有债权或其他权利等；就收入性质来看，各国纳入个人所得税应税所得的既有劳动所得、资本所得以及劳动与资本混合所得，也有偶然所得等。

尽管从理论上说，所有能增加自然人纳税能力的收入都应纳入个人所得税的课税范围，但各国个人所得税制中都基于这样或那样的原因设定了一些"非应纳税所得"项目。个人所得税非应税收入的设定，主要有两种情况：第一种情况是基于税种分工和避免重复征税方面的原因而设定的非应税项目。不少国家既课征个人所得税，也开征资本利得税、遗产税和赠与税等税种，这些税种的课税对象之间存在着部分重叠，这就需要对上述税种的课税范围做出一个明确的界定，以免出现严重的重复征税。一些国家都将纳税人的资本性所得、继承所得和赠与所得等设定为个人所得税的非应税项目，而留给资本利得税、遗产税和赠与税来征收。第二种情况是基于一定的政策目标而设定个人所得税的免税项目。由于国情不尽相同，不同国家的个人所得税制要实现的政策目标存在一定的差异，但基本都包括社会目标、经济目标和外交目标等。各国基于社会目标设定的免税项目主要有灾害救济所得、英烈抚恤金收入、保险赔款收入等；基于经济目标设定的免税项目主要有购买政府债券的利息收入、居民储蓄存款利息和符合条件的科技、教育等方面的奖励收入；基于外交目标设定的免税项目主要有国外派驻本国的外交人员的收入、按国际公约和双边协定中应予免税的项目。

2. 个人所得税的成本费用扣除

成本费用是纳税人与获取收入直接相关的各项支出。在征收个人所得税时，各国一般都允许纳税人将为取得收入而直接支付的相关成本费用从计税依据中扣除；否则，就可能伤及税本，影响社会再生产的顺利进行。

从各国的具体情况看，个人所得税成本费用扣除的方式主要有综合扣除、分项扣除和综合分项扣除相结合等三种。综合扣除方式是从总收入中一次性扣除一个综合费用额，这种扣除方式简单明了，也容易计算。分项扣除方式是对各项性质不同的成本费用分别进行扣除，这种扣除方式适应性强，能够考虑各种具体情况，体现纳税人的纳税能力，但计算比较复杂。综合分项扣除相结合的方式是对某些所得项目采用综合扣除方式，对另一些所得项目采用分项扣除方式，它避免了综合扣除方式和分项扣除方式的缺点，却集中了两者的优点，是费用扣除方式的发展趋势。

不论采用何种扣除方式，个人所得税的成本费用扣除都要依据一定的标准来进行。从各国的实践看，个人所得税成本费用扣除标准主要有客观标准和预定标准两种。在客观标准下，按实际发生的成本费用额进行扣除，但这一标准过于宽泛，而且实际发生额并不一定就是合理的，容易产生侵蚀税基等问题。在预定标准下，不管是否实际发生或发生多少，都按事先规定的标准扣除。

3. 个人所得税的生计费用扣除

生计费用扣除是从个人所得税计税依据中减除维持纳税人及其抚养对象的生存所必需的生活费用，它也被称为"个人宽免"。生计费用扣除包括基本宽免和针对家庭成员、年龄和残疾等规定的补充宽免。生计费用扣除中的基础扣除、配偶扣除和抚养扣除是维持最低限度生活费用的扣除，而对老年人和残疾人的加计扣除，则是考虑特殊因素削弱了纳税人对税收承担能力的特别扣除。

人的再生产是物质资料再生产得以持续不断进行的条件和目的。生计费用虽然与获取收入的活动没有直接联系，但却是纳税人进行生产经营活动和维持劳动力再生产所必需的生活开支。生计费用扣除的意义在于保证纳税人具有维持自身再生产的能力。规定生计扣除也可以起到照顾低收入者的作用，从而有助于税收公平的实现；从税务管理的角度看，规定生计扣除还能够将应缴税额微不足道的纳税人排除在外，以避免应缴税额低于征收费用情况的发生。

各国个人所得税制中生计扣除额的确定，一方面应与本国的经济发展水平相适应，另一方面也应体现出税收制度对公平目标的追求。一般认为，生计费用扣除额的确定，主要应考虑个人所得税的功能定位、政府的财政需求和纳税人的实际情况等因素。

（三）个人所得税的税率

在开征初期，各国的个人所得税制多采用比例税率。从20世纪中前期开始，越来越多国家的个人所得税制开始采用累进税率。目前，比例税率和超额累进税率同时存在于大部分国家的个人所得税制中。

1. 比例税率

直到现在，比例税率在各国的个人所得税制中仍被普遍采用。在实行分类所得税模式的国家，一般都会有部分所得项目采用比例税率。在实行交叉式分类综合所得税模式的国家，分类课征阶段基本都采用比例税率；而在实行并立式分类综合所得税模式的国家，对不合并在综合所得中计征的专项所得或一些特殊性质的收入项目往往也采用比例税率，并按照所得的不同类别实行差别比例税率。

在比例税率下，不同纳税人，无论其应税所得多寡，都按同一个比例纳税，结果是纳税能力强的人负担相对轻，而纳税能力弱的人负担相对重，因而采用比例税率的个人所得税通常被认为不利于社会公平的实现。但采用比例税率的个人所得税制简单易行，是有利于实行源泉预扣的征税方法。

2. 超额累进税率

累进税率理论源于19世纪的边际效用学派。该学派认为，采用超额累进税率的个人所得税最能实现税收负担的公平分担。在实行综合所得税模式的国家，个人所得税往往以超额累进税率为基本税率形式；而实行分类所得税模式的国家，也会有部分项目采用超额累进税率形式。

个人所得税制中超额累进税率的运用，必须考虑收入分配状况、社会舆论对税收公平的看法以及课税后对经济运行的影响等因素，具体涉及累进起点与止点的选择、累进路线的设计以及累进级数与级距的设置等问题。

(1) 累进起点与止点

个人所得税的累进问题，必须首先考虑如何使低收入者少缴税甚至不缴税，这就必须明确一个界限。累进起点就是开始累进征税的界限，界限以下的收入不征税。为了平衡纳税与不纳税的关系，累进的起点不宜过高。累进止点是最后一级的税基水平，它受整体收入水平的制约，既不能无税可征，也不能使征税面过大。累进起点与止点的具体数值必须在测算所得分布状况的基础上再确定。

一些国家为了更好地发挥个人所得税的收入再分配功能，在累进税率制度中作累进消失的结构安排，规定应纳税所得额达到或超过一定数额时，不再按超额累进税率计算应纳税额，而是全额适用最高一级的边际税率。这种做法的不足之处是应纳税所得额位于临界点时，会出现税负剧增的问题。

(2) 累进路线

累进路线体现的是累进起点与止点之间各级税率的相互关系，它主要有加速累进、减速累进和直线累进三种类型。加速累进表现为各级次间边际税率的差距越来越大；减速累进表现为各级次间边际税率的差距越来越小；直线累进则表现为各级次间边际税率的差距保持不变。采取加速累进方法，税负的增加幅度大于所得的增加幅度，对增加所得具有明显的限制作用。采取直线累进办法，税负与所得同幅度增加，对增加所得既没有限制作用，也没有鼓励作用。采取减速累进办法，既能缓解分配不公，又对增加所得起鼓励作用。在实践中，也有国家的个人所得税累进税率呈变速累进。

(3) 累进级数与级距

累进级数是指将应税所得分成多少档级叫累进级数少，计算简单，但不尽公平，累进级数多，有助于公平的实现，但计算复杂。个人所得税累进级数的多少，是由各国收入的分布情况及对公平税负的要求不同而决定的。

累进级距是指每级的税基有多大。一般情况下，在所得额小时，级距的分布相应小些，所得额大时，级距的分布也比较大，大体上呈几何状态。累进税率在运用时，一般来说，最高边际税率规定得高，累进级数也会比较多，在基本税率不变的情况下，累进的速度就比较慢，累进速度越慢，弹性越大，越有利于贯彻量能负担的公平原则。

从理论上说，收入分配差距比较大的国家，累进税率要高一些，累进的级数要多一些，同时级距也要密一些，这样进行的收入调节才会更有效。尽管有可能在社会公平方面发挥积极的作用，但采用高边际税率、多档级累进税率的个人所得税制也会对社会经济的运行产生许多负面影响，尤其是会妨碍投资意愿和储蓄倾向，造成严重的效率损失，从而招致许多经济学家，特别是供给学派和货币学派经济学家的强烈批评。此外，在实施高累进个人所得税制的国家，常常因为政治、社会等方面的原因而出台名目繁多的税收优惠，其结果使得大部分的个人所得税落在中低收入者头上，根本无法达到高累进税制所希望达到的平均财富的功能。

3. 单一税率

单一税率指的是对所有应税收入采用固定的边际税率，并实行固定的扣除减免水平，可用计算公式表示为

$$T=t(Y-E)$$

其中：T 为应纳税额；t 为边际税率；Y 为应税总收入；E 为扣除减免额。

单一税率是为了降低个人所得税高税率、多级次累进税率带来的负面影响而提出的。单一税率区别于累进税率的特征是边际税率的累进程度等于零，这就降低了个人所得税制的累进程度。虽然边际税率的累进程度为零，但单一税率的平均税率仍具有累进性，它随着收入的增长而递增，因而又被称为"线性累进税率制"。单一税率在公平与效率的权衡中，过于倾向于效率，难以使纵向公平原则得到贯彻。在这种情况下，一些学者又提出了适当保持累进速度的"双重（或三重）税率制"，既要降低边际税率，减少税率档次，又要保持一定的累进程度，他们认为这是各国个人所得税的改革趋势。

三、公司所得税

公司所得税是对公司在一定期间内从事生产经营活动取得的所得额课征的一种税。同个人所得税一样，公司所得税也曾是许多国家重要的财政收入来源。只不过第二次世界大战后随着个人所得税和社会保障税的发展，公司所得税在一些国家，尤其是在经济发达国家的税收收入总额中所占的比重已有较大幅度的下降，但它仍是当今世界各国，尤其是发展中国家最重要的税种之一。

（一）公司所得税的纳税人与课征范围

与个人所得税一样，公司所得税的纳税人与课征范围也是由各国行使的税收管辖权决定的。大部分国家在公司所得税上行使的税收管辖权与个人所得税完全一致，都同时实行居民税收管辖权与来源地税收管辖权。只有部分国家在公司所得税上行使的税收管辖权与个人所得税不完全一致，如有的国家在个人所得税上同时实行居民税收管辖权和来源地管辖权，但在公司所得税上却仅实行来源地管辖权。

在各国的公司所得税制中，作为纳税人的"公司"，一般被区分为"居民公司"和"非居民公司"，一个国家的居民公司在该国负有无限纳税义务，要就其来源于该国境内外的所有所得向该国政府缴纳公司所得税；一个国家的非居民公司在该国负有限纳税义务，仅就其来源于该国境内的所得向该国政府缴纳公司所得税。

各国对居民公司和非居民公司的认定标准，基本也是从"住所"或"居所"的基本概念推理延伸出来的。通常认为，不论是自然人还是法人，一旦出生或建立，就根据法律的规定取得了一个固定的住所。法人的固定住所即是它诞生成立的国家。如果要进一步辨别法人的"住所"和"居所"，则"住所"是指公司的登记成立地，"居所"是指公司的控制和管理机构所在地。

（二）公司所得税的计税依据

与个人所得税一样，公司所得税的计税依据也是净所得。公司所得税计税依据的确定，同样有一个从"总所得"到"应税所得"的过程。

1. 公司所得税的应税所得

公司所得税的应税所得额等于公司在一定期限除免税项目以外的总收入，减去成本、费用、损失和其他法定扣除项目后的余额。其计算公式为

公司所得税应税所得额＝总所得－可扣除费用

应当计入总所得的项目主要有公司的经营所得、投资所得、资本利得和其他所得等。经营所得指的是公司的主要销售收入；投资所得，主要包括公司取得的利息、股息和红利收入；资本利得指的是公司出售财产，如房地产、股票、特许权等所实现的收入；而其他所得主要指的是营业外收入等。

可以作为费用扣除的项目通常包括公司的经营成本、折旧和折耗、税金、管理费用和其他费用等。经营成本具体包括公司支付的工资、租金、原材料费用、维修费和运输费等；折旧和折耗主要是指固定资产折旧、资源折耗等；税金指的是在公司所得税前可以扣除的各项税款；管理费用指的是利息费、保险费和广告费等。

2. 公司所得税成本费用的扣除

虽然从理论上看，公司所得税应税所得额确定的基本原则比较简单，然而在具体的实践中，哪些项目可以作为费用扣除、如何计算具体的扣除额以及费用扣除的时间等问题，却相当复杂。其中，固定资产折旧和经营亏损的税务处理，对公司所得税成本费用扣除来说尤为重要。

（1）公司固定资产折旧的税务处理

公司的固定资产在生产过程中会不断磨损，为了维持基本的再生产，就需要提取一定数额的折旧。由于折旧要作为一项费用计入成本，计提折旧的数额直接关系公司的利润额和公司所得税额，因此各国的公司所得税制都对计提固定资产折旧的基础、期限以及方法等做出了具体的规定。

折旧基础是指固定资产折旧是按照何种价值来计提的。在过去相当长一段时期内，一些国家的公司所得税制都以固定资产的原始价值为标准来计提折旧。由于通货膨胀在相当多的国家都是一个经常发生的现象，在这种情况下，如果仍按固定资产的原始价值来计提折旧，就不能保证通过提取折旧获

得足够的资金来更新资本设备。为了解决折旧计提不足的问题，许多国家准许按照固定资产的重置费用来计提折旧，这样公司就可以按较原始价值高一些的标准多提折旧。也有部分国家对固定资产原始价值实行指数化，先按照物价上涨指数对固定资产原值进行调整，然后根据调整后的佣值计提折旧。无论采用上述哪种方法，其结果都是公司所得税的税基因多计固定资产折旧而有所缩小，从而直接减少公司所得税收入。

折旧期限通常都是根据固定资产的耐用期限来确定。折旧期限的长短直接关系每年折旧额的多少和公司利润的高低，也就必然影响税额的多少。折旧期限越短，公司当期应当缴纳的税款也就越少，这实际上相当于政府以延迟税款的缴纳为代价给公司提供无息贷款。近几十年来，一些国家出于鼓励公司投资和加速更新机器设备的政策需要，人为地缩短折旧期限，有的国家甚至规定允许企业在一定幅度内自行决定折旧期限，这对公司的发展来说是非常有利的，但这种方法造成的税收收入损失较大，而且不鼓励新办企业，所以各国政府近年来又对这种做法采取了一些限制性措施。

各国计提固定资产折旧采用的方法主要有直线法、余额递减法和年数合计法三种。直线法按照固定资产使用年限每年提取均等数额的折旧费，它也称作"平均法"。余额递减法是根据资产账面余额按固定比率计算折旧，每年递减后的余额次年再按固定比率计算，折旧额逐年减少。年数合计法是指每年折旧额等于资产价值乘以剩余年数与耐用总年数之比，这种方法近些年颇受经济发达国家的欢迎。三种计提折旧的方法都在不同程度上被各国采用。虽然直线法因简单易行而被长期使用，但近年来出于刺激企业扩大投资、加快经济发展的政策目的，后两种方法的使用范围越来越广。

（2）公司亏损的税务处理

公司的经营活动不仅会有盈利，有时也会发生亏损。根据收益与风险共担的原则，当公司出现盈利时，政府要依法对其课征公司所得税；而当公司出现亏损时，政府也应采取适当的措施来帮助其渡过暂时的难关。相当多的国家都对公司的净经营亏损采取了盈亏互抵或结转措施，允许从以前年度的利润中扣除当年的亏损，或者用以后年度的利润来弥补当年的亏损。盈亏互抵的目的在于降低或减少私人投资的风险，并对私人资本的形成给予一定的激励。对公司经营净亏损的税务处理，体现了政府保护公司再生产、降低或减少投资风险以及鼓励投资的政策意图。

在现实生活中，盈亏结转制度的确发挥了一定的积极作用，但这种制度也是以政府税收收入的直接减少作为代价的，尤其是公司亏损向前结转，意味着可以从税务部门得到相应的退税，这不仅涉及政府的既得利益，而且还涉及预算的法律程序问题，操作也比较复杂，所以部分国家对"后转"采取了一定的限制性举措甚至取消了这种做法，各国较多地采用"前转"的方式。对于盈亏结转的期限，一般依据政府的财政状况和公司扭亏增盈的实际需要而定，不同的国家有不同的规定。大部分国家对盈亏结转的期限进行了限定，不允许无限期结转。

(三) 公司所得税的税率

公司所得税的税率决定了公司利润的税收负担水平，它的高低直接影响着公司利润的多少和公司投资的积极性。目前，各国公司所得税的税率有比例税率和超额累进税率两种形式。

1. 比例税率

大多数国家的公司所得税采用的都是比例税率。具体有单一比例税率和分类比例税率两种形式。

分类比例税率其实就是一种有区别的单一比例税率，它主要是为了照顾或扶持利润较低或规模较小的公司以及某些特殊行业的公司。在实践中，有的国家是按企业规模或利润规模大小实行分类比例税率，有的国家是按居民公司与非居民公司为标准来实行分类比例税率，有的国家对公司的保留利润和已分配利润课以不同税率，还有的国家以行业和公司类型为标准来实行分类比例税率。

2. 超额累进税率

在相当长的一段时间内，基于公平方面的考虑，许多国家的公司所得税都采用了超额累进税率，不仅边际税率高，而且累进档级也较多。

随着税收理论研究的深入，越来越多的国家都逐步认识到，公司所得税在实质上不是"对人税",其课税的依据也并非个人的综合负担能力,所以按照所得额的大小规定高低不同的税率,在理论上没有多大意义。而在具体实施过程中,对公司利润课征累进所得税的结果是,过高的边际税率不仅减少了公司税后可支配的利润,而且削减了投资规模,并最终妨碍了经济发展。正是在这样一种情形下,不少原先采用累进税率的国家纷纷改为采用比例税率,但是出于财政和收入调节政策方面的考虑,美国和加拿大等少数国家的公司所得税仍保留着累进的税率结构,但与以前相比,累进级数大幅减少,累进程度也缓和了许多。

第三节 财 产 税

财产税是对纳税人在某一时点拥有、支配或处分的财产课征的各种税的统称。在现代社会,各国开征的财产税常见的有房产税、土地税、房地产税、遗产税、赠与税和资本净值税等。

一、财产税的特点

财产税以国民收入存量或者以往创造价值的各种积累形式为税源,一般不课自当年创造的价值。与其他课税体系相比较,财产税具有调节社会财富分配、收入稳定、缺乏弹性和征管难度大等方面的特点。

(一) 财产税是一种对社会财富存量的课征

作为财产税课税对象的财产,多不参与当年的国民经济循环。对个人而言,这些财产是其拥有或受其支配的财富;对社会而言,这些财产是社会财富处于存量状态的部分。财产税"存量税"的性质,与所得税和商品税"流量税"的属性形成鲜明对照。与所得税是从"流量"角度调节社会收入分配不同的是,财产税是从"存量"的角度来调节社会财富分配的。

(二) 财产税的课征会妨碍资本形成

在很多情况下,资本都是由财产转化而来的。对财产课税会减少投资者的资本收益,降低投资者的投资积极性。而为了逃避财产税,人们不是减少投资和储蓄,就是增加即期消费,这些都会妨碍资本的形成和积累。在资本短缺的发展中国家,这种阻碍作用可能更为明显。

(三) 财产税收入稳定但缺乏弹性

各国开征的财产税涵盖了财产的占有、使用和转让等多个环节,充分体现了良好税收制度对一个税系应该调节其课税对象价值运动全过程的客观要求。当经济发展到一定阶段后,财产税的税源比较充分,不易受经济波动的影响,是一个稳定的财政收入来源。然而,除非提高税率或扩大课税范围,财产税收入在短期内很难有较大幅度的增长,缺乏必要的弹性。

(四) 财产税征收管理的难度相对较大

财产税制的正常运行,有赖于对财产的有效管理和对财产价值的合理评估。在经济发展的早期,人们的财产主要是有形财产,此时财产价值的测度较为容易。但进入现代社会后,随着经济的发展,财产的种类不断增加,这使得对财产税的有效征管变得越来越困难。要对种类繁多的有形资产进行准确的评估本身就很难,而对日益涌现的无形资产价值的测度就更加困难。除了财产价值难以准确评估外,财产中的动产还常常成为隐匿对象,从而轻松地逃避财产税。在财产税的征管过程中,税务部门往往不得不花费较多的人力、物力和财力去评估财产的市场价值并防范偷逃税行为,课征难度较大。

二、财产税的发展与功能

在漫长的发展历程中,财产税在税种设置、课税范围以及职能侧重点等方面都发生了一些大的变化。

(一) 财产税的发展

财产税体系,在税种设置上,经历了由单一税种到多税种配合的发展过程。在自然经济条件下,经济发展水平低下,财产的数量和种类都有限,存在形态也极为单一,这一时期的财产税制自然也非常简单。对土地和牲口等的课税,是早期最常见的财产税形态。随着社会经济的发展,私人资本快速积累,财产的数量和种类不断增多,存在形态也日趋多样化,各国又新开征了遗产税、赠与税及净值税等税种。

除了土地和房产等外，财产税的课税范围也随着汽车和知识产权等先后被纳入而大大扩宽。目前，财产税已经逐渐从单一财产税体系发展为多税种相互配合的复合财产税体系，从原始的税制体系发展成较为完善的现代财产税体系。

财产税的征收方法，也经历了从简单到复杂的演变。早期的土地税、房产税等不动产税，为了取得足够的财政收入和适应当时落后的征收方法，不是以财产价值为计税依据征收的，而是以财产的外部数量，如土地的面积、房屋窗户的数量等作为计税依据。这样的征税方法虽然简单，但极不合理，因为它完全没有考虑到财产本身的价值，导致税收负担分配的不公平。在财产税职能侧重点的转变过程中，财产税的课征也由从量征收发展到从价征收，税率从定额税率为主发展为以比例税率为主，有的国家甚至采用超额累进税率。

（二）财产税的功能

除了取得一定的财政收入外，财产税还可以在调节社会财富分配和影响资源配置等方面发挥作用。在渐进的发展中，财产税功能的侧重点发生了转移。早期财产税的主要功能在于筹集财政收入，并且一度成为整个税收体系的核心。随着社会经济的发展和私人资本的增长，动产大量增加，社会财富的持有分化严重，人们开始注重强调税收的社会经济调节功能。在这种情况下，财产税的收入职能逐步弱化，而对社会财富进行再分配的功能不断强化。

1. 对社会财富进行再分配

贫富差距过大一直是一个非常棘手的社会问题，也是各国政府力图解决的问题。贫富差距的形成不仅是国民收入流量分配不公的结果，其中也有国民财富存量占有不公方面的原因。虽然个人所得税可以对收入分配差距进行一定的调节，但它却无法直接作用于由国民财富存量造成的贫富差距，而又有相当部分的财富存量是通过继承、赠与等方式获得的，不通过市场交易，这更是个人所得税无力调节的。

财产税直接对国民财富存量课征，它遵循"有财产者纳税，无财产者不纳税财，财产多者多纳税，财产少者少纳税"的基本原则，较好地体现了支付能力原则。通过课征税负高低不等的财产税,可以有目的地对财富分配不均的状况进行调节,在一定程度上弥补了个人所得税不能对存量财富课税的缺陷,从而有助于社会公平的实现。

2. 有效引导资源配置

对遗产和闲置的资产,尤其是土地资源课征财产税,可以促使这些资源从非生产性转化为生产性的资源,增加用于生产领域里的投资,也可以促使财产所有人增加即期消费和投资,减少财富的过度积累,同时通过将存量财富引入消费领域,促进有效需求的扩展,从而刺激经济增长。

第四节 其 他 税

一、环境税

环境税是为了保护生态环境而征收的各税种的总称,它又被称为"生态税"。

广义上的环境税,包括整个税收体系中所有直接或间接与环境的利用和保护有关的税种,而狭义的环境税则是指与环境保护或污染控制直接相关的税种,其目的是实现对纳税人影响生态环境行为的改变,同时也筹集财政收入用于实现特定的环境和生态目标。由于狭义环境税的主要目的是抑制污染、保护环境,所以它也被称为"污染税"。通常所说的环境税指的是狭义上的环境税。

开征环境税的主要思想源于英国经济学家皮古提出的外部性理论。皮古认为,一个在竞争性市场中排放污染物的生产者,往往按照私人边际收益等于私人边际成本的法则来决定其最优生产行为,由于环境成本不能自动体现在私人生产成本中,因而生产者的生产量往往要高于从整个社会角度来看的最优产量。政府可以通过征税的方式,将污染造成的负外部性加入到私人生产成本中去,迫使企业考虑其生产活动产生的污染对社会的危害,使其生产量保持在私人边际收益等于社会边际成本的有效产出量上,也使产品的价格等于边际社会成本,从而达到社会资源的最优配置。

二、资源税

资源税是以资源为课税对象征收的税种,在有的国家中它被称为"能源税"或"自然资源消费税"。资源是一切可以被人类开发和利用的客观存在。广义上的资源是一个国家或一个地区拥有的人力、物力和财力等各种物质要素的总称;而狭义上的资源仅仅是指土地、矿藏、水利和森林等人类正在开发利用的各种自然财富,即自然资源。资源税的课税对象主要是狭义上的资源。资源税的征收,一般都不以获取财政收入为主要目的,而是为了实现社会经济的可持续发展。

根据课税的目的及其意义的不同,资源税可以被区分为级差资源税和一般资源税两种类型。

(一)级差资源税

绝大部分国家自然资源的地域分布具有较强的不平衡性,这不仅体现在自然资源的数量上,而且也体现在自然资源的质量上,因而在开发和利用土地、矿藏、水利和森林等自然资源的过程中,都存在着数目不等的级差收入。级差资源税就是对开发和利用自然资源的经济活动主体因资源条件的差别所取得级差收入课征的一种税。开征级差资源税,将经济活动主体利用自然资源而多获得的级差收入直接收归政府所有,使经济活动主体的利润水平能够真实地反映其主观努力经营所取得的成果,排除因资源优劣造成企业利润分配上的不合理状况,有利于经济活动主体在同等水平上展开竞争,同时也有利于促使经济活动主体合理利用不同品质的资源。

列入级差资源税课税范围的自然资源,主要是一些开采利用价值高、级差收益大、经济发展所需要的重要物资。在税率设计上,一般根据资源的丰瘠程度和级差收入的多少,按不同开采区设计高低不同的定额税率,也有国家采用超额或超率累进税率。

(二)一般资源税

绝大部分国家的自然资源,尤其是不可再生资源的储藏量都是有限的。

如果自然资源一直无限制地开采下去，人类就可能面临资源匮乏的困境，因此对资源的消费也应该进行限制。一般资源税就是基于这样一种目的，对使用自然资源的经济活动主体为取得应税资源的使用权而征收的一种税。一般资源税的征收，体现的是"普遍开征，有偿开采"的原则。与级差资源税是对资源级差收入的征税、税收来源于级差地租不同的是，一般资源税是对资源使用的征税，其税收收入来源于绝对地租。

各国的资源税主要设置在资源的生产和消费两个环节上。资源生产环节上的课税，可以从源头上限制污染环境、控制浪费资源的经济活动。各国资源生产环节上的课税，有两种不同的政策目标选择：一是适应经济发展的要求，鼓励资源的生产和采掘；二是适应环境保护的要求，限制资源开采，鼓励资源储备。由于经济发展和环境保护两个目标之间很难完全协调一致，使得很多国家在这两种政策目标的选择上摇摆不定，有时甚至顾此失彼。消费是生产的动力，日益增长的资源消费是导致过度开采资源的根源。从这个意义上说，贯彻环境保护、控制污染和节约资源的政策，必须限制污染性资源的消费。正因为如此，所以资源消费课税应在整个环境资源税体系中占据重要地位。

三、印花税

印花税是以证明财产权利的创设、转移、变更和消失等经济行为的凭证为课税对象征收的一种税。印花税的征收范围非常广泛，一般包括交易凭证、财产凭证、许可凭证和人事凭证等，但在不同的国家也略有差异。较宽的征收范围使得印花税的税源相对充裕，在税率并不是很高的情况下，就能取得较为充足的收入。印花税征收方法也简便易行，纳税人自行购买并粘贴印花税票就可完成印花税的缴纳，而无须经过烦琐的申报手续，政府除了要支付印刷费及少数稽征人员的检查费用外，再无其他支出。可见，印花税的课征符合税收简便原则。

印花税税额确定的方式，主要有定额课征法、分类课征法和分级课征法三种。在定额课征法下，不管应税凭证载明的金额是多少而课以事先确定的税额，这种方法大多用于无法估价的课税标的。分类课征法依据课税品目的性质或价值，分别评定其课税的种类或等级，每一种类或等级确定一个税率。分级课征法依据应税凭证上所记载金额的大小以差别税率来课征，一般采用比例税率，也有选用累进税率的个例。不管采用哪种税率形式，各国印花税的税率都定得比较低，一般不会让纳税人感到税负太重。

在实践中，凡是有应税凭证的纳税人，不管其经济状况或纳税能力如何，都要缴纳印花税，这在一定程度上有悖于税收公平原则。在课征印花税的过程中，如果一项经济事物流通或周转的次数越多，其税收负担就越重，从而容易形成重复征税，所以印花税常常起到阻碍经济流通的作用。此外，自行贴花的征收方式也使得印花税容易产生偷漏税。

第八章 纳税程序与税收管理

第一节 税务登记

一、税务登记的意义

税务登记是税务机关为了加强税源管理，防止税源流失，依法对纳税人的生产经营活动进行登记管理的一项基本制度。税务登记的意义在于：

（一）有利于税务机关掌握和控制税源，加强税源管理

通过税务登记，税务机关能够掌握辖区内纳税人的户数、地址、经济类型、经营规模、经营范围等情况，从而了解税源的分布状况，合理地调配征管力量，采取征管措施，防止漏征漏管，保证税款及时入库；通过税务登记，掌握纳税人的生产经营情况，从而掌握每一纳税人适用的税收政策及应该缴纳的税种，为编制税收计划、进行税收决策提供客观依据。

（二）有利于增强纳税人税收法制观念和纳税意识，自觉接受税务机关监督管理，维护自身合法权益

通过税务登记，确立起税务机关与纳税人之间的征纳法律关系，因为纳税人也同时享有和承担一定的权利与义务。而从登记之日起，纳税人就纳入了主管税务机关的管理范围，不仅在纳税方面要接受税务机关的监督管理和检查，而且还可以依法享受税收政策业务上的指导和帮助，使其生产经营、领购发票、申请减免税收等合法权益得到应有的维护。

二、税务登记的种类及方法

税务登记分为开业税务登记、变更税务登记和注销税务登记三类。

(一) 开业税务登记

1. 时间规定

从事生产经营的纳税人自领取营业执照之日起 30 日内，持有关证件，向税务机关申报办理开业税务登记。以下几种情况要比照开业登记来办理。

扣缴义务人要在发生扣缴义务之日起 30 日内，向所在地税务机关申报办理代扣（收）税务登记，并领取代扣代缴、代收代缴税款证件；

非独立经济核算的分支机构与已办理税务登记的总机构不在同一地区的，分支机构应自设立之日起 20 日内，向所在地税务机关申报办理税务登记；

纳税人到外县（市）从事经营活动，要持其所在地税务机关填发的外出经营活动的税收管理证明，向所到地税务机关报验登记。

2. 程序规定

由从事生产经营的纳税人，在规定的时间内，向税务机关提出办理开业税务登记的书面申请报告，并提交有关证件或资料，包括营业执照，有关合同、章程、协议书、项目建议书、居民身份证、护照或其他合法入境证件等。

领取《税务登记表》一式三份，由纳税人按统一要求如实填写。

对纳税人填报的税务登记表及提供的证件和资料，税务机关自收到申报之日起 30 日内审核完毕酋符合规定的，予以登记，并发给税务登记证件。为了防止漏登、漏管，《征管法》规定：工商行政管理机关应当将办理登记注册、核发营业执照的情况，定期向税务机关通报。

国家税务局、地方税务局对同一纳税人的税务登记应当采用同一代码，以信息共享。

3. 开业税务登记内容

即《税务登记表》上规定的内容，一般包括：企业或单位名称、投资各方名称、法定代表人或业主姓名及其身份证（护照或其他合法入境证件）号码、纳税人住所、经营地点、通讯地址及邮政编码、经济类型、核算方式、机构情况、隶属关系、生产经营范围、经营方式、注册资金（资本）、投资总额、开户银行及账号、生产经营期限、从业人数、营业执照字号及执照有效期限和发照日期、财务负责人、办税人员、其他有关事项。不同类型的纳税人税务登记表的具体样式不同。

（二）变更税务登记

税务登记内容发生变化时，纳税人应当自工商行政管理机关或者其他机关办理变更登记之日起30日内，持有关证件向原税务登记机关申报办理变更税务登记。纳税人税务登记内容发生变化，不需要到工商行政管理机关或其他机关办理变更登记的，应当自发生变化之日起30日内，持有关证件向原税务登记机关申报办理变更税务登记。

办理变更税务登记的程序一般是：先由纳税人向税务机关提出书面报告，写明变更登记的具体内容及原因，并提交变更的有关批准文件或证明材料，经税务机关审验无误后，发给"税务变更登记表"，再由纳税人按登记表的内容如实填写后，连同有关证件一并送原登记税务机关，审核后对符合规定的准予变更。对于不按规定办理变更税务登记的纳税人，要按未办理税务登记进行处罚。

（三）注销税务登记

纳税人发生解散、破产、撤销以及其他情形，依法终止纳税义务的，应当在向工商行政管理机关或其他机关办理注销登记前，持有关证件向原税务登记机关申报办理注销税务登记；按照规定不需要在工商行政管理机关或其他机关办理注册登记的，应当自有关机关批准或者宣告终止之日起15日内，持有关证件向原税务登记机关办理注销税务登记；纳税人因住所、经营地点变动，涉及改变税务登记机关的，应当在向工商行政管理机关或其他机关申请办理变更或注销登记前或者住所、经营地点变动前，向原税务登记机关申报办理注销税务登记，并在30日内向迁达地税务机关申报办理税务登记。

纳税人申报办理注销税务登记，首先要向税务机关书面报告解散、破产、撤销等的原因，并附送有关主管部门的批准文件、结清债权债务和税款的证明材料等，然后由税务机关进行审核，对符合法律规定的予以办理注销税务登记，收回税务登记证件。

纳税人在办理注销税务登记之前，要认真核查财物，清理债权债务，结清应纳税款、滞纳金、罚款，交回领购未用的发票。税收缴款书及税务机关发给税务登记证件和其他税务证件。

三、税务登记证件的管理

（一）税务登记证件的发放及作用

纳税人在填写税务登记表并提供有关证件和资料，经税务机关审核批准后，税务机关要发给税务登记证。

税务登记证是纳税人履行了法定税务登记手续的证明文件。税务登记证的式样由国家税务总局统一制定，分为税务登记证及其副本、注册税务登记证及其副本。从事生产经营并经工商行政管理部门核发营业执照的纳税人核发税务登记证及其副本；对纳税人非独立核算的分支机构及非从事生产经营的纳税人，核发注册税务登记证及其副本。

税务登记证是国家税务机关颁发给符合法定条件的纳税人，允许其从事生产经营活动的一种许可证。有了税务登记证，纳税人的合法生产、经营活动才被许可并得到保护。因此，纳税人取得税务登记证以后，要将其悬挂在生产、经营场所的明显处，亮证经营，接受检查监督。

税务登记证还是一种权利证书。纳税人凭借税务登记证可以办理下列事项：一是在银行或其他金融机构开立基本存款账户或其他存款账户；二是申请减税、免税、退税；三是申请领购发票；四是申请办理外出经营活动税收管理证明；五是申请办理增值税一般纳税人认定手续；六是申请办理其他有关税务事项。

（二）税务登记证件的使用

税务登记证只限纳税人自己使用，不得转借、涂改、损毁、买卖或者伪造。一旦发生这些违法行为，就会造成应征税款的流失，扰乱税收征管秩序，对此必须依法予以制裁。

为了防止税务登记证件使用中违法行为的发生，税务机关对税务登记证件实行定期验证和更换制度。税务登记证的更换时间由国家税务总局统一确定；税务登记证的查验，由省级国家税务局和地方税务局协商确定，一般每年查验一次。纳税人必须在规定的限期内持有关证件到主管税务机关办理验证或者换证手续。

纳税人遗失税务登记证件，要书面报告主管税务机关，并公开声明作废，同时申请补发。

四、纳税人在金融机构开立存款账户与税务登记的相互制约的规定

目前，我国从事生产经营的纳税人在银行或者其他金融机构多头开户的情况十分严重。税务机关难以检查或处罚纳税人的税收违法行为。为此征管法对从事生产经营的纳税人及其开户银行和其他金融机关设定了以下义务：

从事生产、经营的纳税人应当按照国家有关规定，持税务登记证件，在银行或者其他金融机构开立基本存款账户和其他存款账户，并应自开立基本存款账户和其他存款账户之日起15日内，向主管税务机关书面报告其全部账号；发生变化的，应自变化之日起15日内，向主管税务机关书面报告。

银行和其他金融机构应当在从事生产经营的纳税人的账户中登录税务登记证件号码，并在税务登记证件中登录从事生产经营的纳税人的账户账号。

税务机关依法查询从事生产、经营的纳税人开立账户的情况时，有关银行和其他金融机构应当予以协助。

五、税务登记同时办理增值税一般纳税人的认定登记

（一）认定登记的对象及条件

凡在中华人民共和国境内销售货物或应税劳务，实行独立核算并经工商行政管理部门批准开业的增值税纳税义务人，符合一般纳税人条件的均应在向当地税务机关申请办理税务登记的同时，申请办理增值税一般纳税人认定

登记。其中总分支机构不在同一县（市）的增值税纳税人，应分别申请办理增值税纳税人登记；总分支机构在同一县（市），纳税人需分别缴纳增值税的，经主管税务机关批准，也可以分别申请办理增值税纳税人登记。

对增值税纳税人提出的登记申请，税务机关要进行严格的审查，对于具备以下条件之一的，即可准予办理一般纳税人认定登记：

从事货物生产或提供增值税劳务的纳税人，年应纳增值税项目的销售额超过50万元的；

从事货物批发、零售的纳税人，年应纳增值税项目的销售额超过80万元的；

未达到上述销售额标准的小规模纳税人和新开业的纳税人，有固定的生产经营场所，会计核算健全，能够提供准确税务资料。

但下列纳税人，无论其销售额是否达到上述销售额标准，都不能办理增值税一般纳税人认定登记：

个体工商户以外的其他个人；

选择按照小规模纳税人纳税的非企业性单位；

选择按照小规模纳税的不经常发生应税行为的企业；

（二）认定登记的程序及内容

1. 登记的程序

由增值税纳税人提出申请登记报告，并提供有关资料及批准文件，填写《增值税一般纳税人申请认定表》。

经县级以上税务机关审核后，对符合一般纳税人条件的纳税人在其"税务登记证"副本首页上方加盖"增值税一般纳税人"戳记，完成认定登记手续。

2. 登记的内容

增值税一般纳税人登记的内容主要包括：纳税人名称、经营地址、电话号码、经营范围、经济性质、开户银行及账号、产值、销售收入、销售税金、利润、税务登记证件代码等。

（三）变更登记、重新登记、注销登记

纳税人取得增值税一般纳税人认定资格后，发生转业、改组、分设、合并、联营、迁移、歇业、停业、破产以及转为小规模纳税人等其他需改变增值税一般纳税人登记情形的，应在有关部门批准或者宣告之日起10日内，向主管税务机关申请办理变更登记、重新登记或者注销登记。

第二节　账簿及凭证管理

一、账簿及凭证管理的意义

账簿和凭证是会计核算的基础和核心，税务机关加强账簿、凭证管理，就是要依照税收法规和财务会计制度的规定，对纳税人账簿、凭证的设置、使用、保管等方面进行监督、检查。账簿及凭证管理的意义是：

（一）账簿及凭证是反映纳税人生产经营状况及财务成果的重要资料，也是计算核定纳税人应纳税款的原始依据

一切从事生产、经营的纳税人费通过填制会计凭证、登记会计账簿、编制会计报表，把日常发生的大量经济业务，如原材料的购进、产品的销售、盈亏的计算等，以货币为计量单位，从数量方面加以记录，并进行系统的分类和汇总，就形成了全面地、系统地、连续地反映纳税人产销情况、成本核算、利润分配等的重要会计核算资料。而资料中的销售收入额、利润额等数据指标，则是计算应纳税额的基础。只有会计核算正确，纳税人应纳税额的计算才能准确。

（二）加强账簿及凭证管理是征收管理的基础工作，有利于建立正常的纳税秩序

加强账簿及凭证管理，由税务机关行使监督检查权，就可以确保纳税人的经营活动和各项业务的合法性和正确性，保证账簿、凭证的编制、填写等一系列会计核算工作的有效性。这就为以后的核定应纳税额、纳税申报、税款征收入库及纳税检查等工作奠定了基础，成为整个征收管理的一项基础性

工作。由于账簿、凭证所记载的经济业务内容影响和决定着纳税人的应纳税额。纳税人往往伪造、变造、隐匿、擅自销毁账簿、凭证，或利用账簿及凭证弄虚作假。加强账簿、凭证的管理，就可以防止和纠正上述违法乱纪的行为，建立和维护正常的纳税秩序。

二、账簿管理

账簿是会计核算中进行记账的必要工具。账簿按其外表形式可以分成订本式账簿、活页式账簿和卡片式账簿三大类；按用途可以分为序时账簿、分类账簿和备查账簿三类。账簿管理的基本内容就是督促纳税人按有关规定设置和使用账簿。

（一）账簿的设置

从事生产、经营的纳税人、扣缴义务人要根据自身业务情况和经营管理的特点来设置会计账簿，使之能够准确、完整地反映自身的经济活动。设置账簿的具体要求是：

从事生产经营的纳税人应当自领取营业执照或者发生纳税义务之日起15日内按照国家有关规定设置账簿，根据合法、有效凭证记账，进行核算。

生产经营规模小又确无建账能力的个体工商户，可以聘请注册会计师或者经税务机关认可的财会人员代为建账和办理账务；聘请上述人员有实际困难的，经县以上税务机关批准。可以按税务机关的规定，建立收支凭证粘贴簿、进货销货登记簿或者使用税控装置。

扣缴义务人要在税收法律、行政法规规定的扣缴义务发生之日起10日内，按照所代扣、代收的税种，分别设置代扣代缴、代收代缴税款账簿。

如果纳税人、扣缴义务人会计制度健全，能够通过计算机正确、完整地计算其收入或者所得，其计算机储存和输出的完整的书面会计记录，可视同会计账簿；否则，要建立总账和其他有关账簿。

（二）账簿的使用要求

为了保证记账工作质量，明确账务处理的责任，确保账簿记录的合法性和账簿资料的完整性。账簿的使用必须按照一定的要求进行。

每本账簿启用时，要在账簿扉页上详细载明：单位名称、账簿名称、编号、册数、开始使用日期、会计主管人员、记账人员姓名及签章、记账人员变更时，要办理交接手续，在交接记录内载明交接日期和接替人员姓名及签章。

账簿的登记要使用钢笔和蓝黑色墨水。红色墨水只能在结账划线、改错及冲账时使用；必须根据审核无误的会计凭证登记各种账簿，不能漏记和重记；要按页码逐页逐行地连续登记，不得隔页、跳行登记，不得随意涂改、刮擦、挖补或用退色药水消灭字迹，发生错误时要采取正确的方法进行更正。

账簿、凭证、报表、收支凭证粘贴簿、进销货登记簿等资料，除有特殊规定者外，要至少保存10年，未经税务机关批准，不得销毁。

二、凭证管理

（一）会计凭证的管理

会计凭证分为原始凭证和记账凭证两种。

1. 原始凭证分外来和自制两种

原始凭证是在经济业务发生或完成时填制的业务手续凭证，是进行会计核算的最原始的依据，必须如实地表明各项经济业务的真实情况，并要在业务发生或完成的当时立即办理。在原始凭证上必须载有：凭证的名称、凭证的编号、填制日期、业务内容、数量金额、填制和接受凭证的单位或部门名称以及负责人和经办人签章等。凭证要连续编号，填写内容要完整、真实、可靠，字迹书写要清楚，不得随意涂改。

2. 记账凭证

记账凭证是根据原始凭证进行整理或汇总后编制的会计凭证，编制除了要遵循原始凭证的填制要求以外，还要注意所记载经济业务的性质、类型以及登记账簿的需要，不得把不同类型的经济业务合并编制一张记账凭证。

凭证审核是保证会计记录正确性的重要环节，也是财会部门把好凭证手续关的重要步骤。对于各种原始凭证，要审核凭证上的经济业务是否真实，有无违反财经纪律和财会制度等情况，凭证上应具备的内容是否完整，有关数字是否正确，审批手续是否完备，有关人员的签章是否齐全，等等。对于各种记账凭证，要审核经济业务的内容是否相符，所附原始凭证是否齐全，会计分录等账务处理是否正确，等等。

各种凭证在记账之后，要定期进行整理，按照编号顺序装订成册，编制目录，妥善保管，便于企业和税务部门查阅。

（二）税收凭证的管理

税收凭证一般可以分成两大类：一是完税凭证，包括各种税收完税证、税收缴款书等，是纳税人依法缴纳税款后，税务机关所出具的收款证明，它可以反映纳税人的纳税情况；二是其他各种与征收业务有关的凭证，包括各种提退凭证、减免凭证、税票调换证、罚款收据、纳税保证金收据、代扣代缴税专用发票等。

税收凭证一般由税务机关直接填发和管理。由于它是纳税人履行纳税义务状况和履行某种手续的证明，纳税人必须妥善保管，便于税务机关检查。"三自"纳税单位和代征人向税务机关领取的空白完税凭证，要按税务机关的规定填用，防止出现差错和短缺。有些税收凭证填用后，既是税收会计的记账凭证，也是纳税单位会计核算的原始凭证，征纳双方都必须严格进行管理，妥善保管。

第三节　纳税申报

一、纳税申报的意义

纳税申报是纳税人依据税法规定，向税务机关书面报告一定时期应纳税项目及应纳税款的一项征管制度。加强纳税申报管理，对于税务机关加强税源管理和纳税人、扣缴义务人正确地履行纳税义务和扣缴义务都有十分重要的意义。

（一）有利于加强纳税人的纳税观念，促进其正确办理纳税手续，提高纳税自觉性

在计划经济时期，我国税收征收管理一直实行税务专管员管户制度。专管员负责纳税辅导、纳税鉴定，上门收税、挨户催报催缴，致使纳税人产生了严重的依赖思想，主动申报纳税的意识非常淡薄，也使广大群众缺乏纳税观念。税收征管法把纳税申报以国家法律的形式确定下来，使纳税人明确自己的权利和义务。对自己申报的内容承担法律责任，这就可以督促纳税人依法履行纳税义务，并逐渐养成主动申报纳税的习惯，增强纳税自觉性。

（二）为税务机关审定纳税人应纳税款，掌握应征数，办理税款征收业务提供重要依据

实行纳税申报制度，纳税人要按期报送纳税申报表及财务会计报表等资料。通过这些报表、资料，税务机关可以掌握纳税人生产经营及税源变化情况，判断纳税人的申报是否真实可靠。同时，也使税务机关办理征收业务、核实应征税款、开具纳税凭证以及判断纳税人是否偷税、欠税等有了必要的依据。

二、纳税申报的对象

（一）依法负有纳税义务的单位和个人

依法负有纳税义务的单位和个人，必须依照法律、行政法规规定或者税务机关依照法律、行政法规的规定确定的申报期限、申报内容如实申报，报送纳税申报表、财务会计报表以及税务机关根据实际需要要求报送的其他纳税资料。

（二）按规定享受减免税的纳税人

纳税人享受减税、免税待遇的，在减税、免税期间要按规定办理纳税申报。这样做有利于税务机关全面地、连续地掌握纳税人的生产、经营及纳税情况，便于进行征收管理。同时也是税政执行情况和统计工作的需要。

同样道理，连续经营的纳税人在当期没有应税收入、所得及其他应税项目，也要在规定的申报期限内，办理纳税申报。

（三）依法负有扣缴义务的单位和个人

依法负有扣缴义务的单位和个人，必须依照法律、行政法规规定或者税务机关依照法律、行政法规的规定确定的申报期限、申报内容如实报送代扣代缴、代收代缴税款报告表，以及税务机关根据实际需要要求报送的其他有关资料。

三、纳税申报的内容及资料

纳税人、扣缴义务人填制的纳税申报表、扣缴税款报告表，报送的财务会计报表及其他证件、资料，既是纳税人、扣缴义务人依法计算和缴纳应纳税款或代扣、代收税款的主要凭证，也是税务机关计算审核应征或缴库税款的重要依据，因此，内容必须完整、准确、全面，纳税人应及时报送。

（一）纳税申报表及扣缴税款报告表

纳税人填报的纳税申报表和扣缴义务人填报的扣缴税款报告表，因各税种的计税依据、计税方法等有所不同，其式样和项目各异。国家税务总局对各税纳税申报表及扣缴税款报告表的式样和项目作了规定，由于报表种类太多，在此不作一一介绍，仅就主要报表的主要项目归纳如下：

1. 增值税纳税申报表

增值税纳税申报表分为"增值税纳税申报表（适用于一般纳税人）"和"增值税纳税申报表（适用于小规模纳税人）"两种表式。增值税纳税申报表（适用于一般纳税人）的主要项目有：本期应税销售额、适用税率、本期销项税额、本期进项税额、期初进项税额、本期应纳税额、已纳税额、应补（退）税额等。

增值税纳税申报表（适用于小规模纳税人）的主要项目有：销售额、征收率、本期应纳税额等。

2. 消费税纳税申报表

消费税纳税申报表的主要项目有：产品名称、适用税目、销售数量、计税金额或计税数量、税率（单位税额）、本期准予扣除税额、本期应交税金、本期应补（退）税金等。

3. 营业税纳税申报表

营业税纳税申报表的主要项目有：经营项目、税目、营业额、税率、应纳税额等。

4. 企业所得税纳税申报表

企业所得税纳税申报表的主要项目有：收入总额、销售成本、期间费用、纳税调整增加额、纳税调整减少额、应纳税所得额、适用税率、应纳所得税额、实际已缴所得税额、期末应补（退）所得税等。

5. 个人所得税纳税申报表

个人所得税纳税申报表的主要项目有：所得项目、收入额、费用额、应税所得额、税率、速算扣除数、应纳税额、已扣缴税额、应补（退）税额等。

6. ××税代扣代缴税款报告表

代扣代缴税款报告表的主要项目有：纳税人名称、纳税品目名称、课税数量、计税金额或销售额、税率或单位税额、进项税额、扣缴税额等。

7. 扣缴所得税报告表

扣缴所得税报告表的主要项目有：纳税人名称、所得项目、收入额、扣除额、应纳税所得额、税率、扣缴所得税等。

各类纳税申报表及扣缴税款报告表通常一式三联，第一联由纳税人或扣缴义务人保存；第二联由税务机关留存；第三联报主管税务机关作税收会计原始凭证。

（二）财务会计报表及其说明材料

由于纳税申报表只能反映纳税人的、与确定应纳税额直接有关的数据信息，不能全面反映纳税人一定时期内的生产、经营活动，为了便于税务机关审核纳税申报表，就要求纳税人在填报纳税申报表的同时报送财务会计报表及其说明书。

不同的纳税人生产、经营的内容不同，编制的财务会计报表不同，需要报送税务机关的报表种类也不尽相同。纳税人要按照主管税务机关的要求报送相应的财务会计报表及其说明书。

根据规定不需要办理税务登记的纳税人，一般不需向税务机关报送财务会计报表等，可以直接到税务机关申报纳税。

（三）其他有关证件、资料

纳税人、扣缴义务人办理纳税申报时，除了报送纳税申报表或扣缴税款报告表、财务会计报表及其说明书以外，还要按照主管税务机关的要求，报送下列一种或几种证件、资料：与纳税、扣税有关的合同、协议书及凭证；税控装置的电子报税资料；外出经营活动税收管理证明；境内或者境外公证机构出具的有关证明文件；税务机关规定应当报送的其他有关证件、资料。

四、纳税申报的办法

不同的纳税人、扣缴义务人在申报纳税的顺序、期限、形式上都有所不同，因此，纳税申报办法各异。

（一）实行"三自纳税"的纳税人的纳税申报

对于财务管理制度健全，有专门办税人员，能正确计算应纳税额，未发生偷、欠税行为的纳税人，经县级及以上税务机关批准，可实行自行计算应纳税款、自行填写缴款书、自行缴库的"三自纳税"办法。采用"三自纳税"的纳税人，自行办理税款缴库之后，要填报纳税申报表，连同财务会计报表及其他要求报送的证件、资料，上报主管税务机关进行纳税申报。

（二）其他纳税人的纳税申报

对于其他纳税人，实行先由纳税人按期进行纳税申报，然后由税务机关审核，并填写缴款书或完税证的办法。

从事临时经营业务的纳税人，应在发生纳税义务的当天，向所在地税务机关办理纳税申报并缴纳税款。

非经常纳税单位，也要在纳税义务发生后，及时向主管税务机关办理纳税申报。

实行"定期定额"征收方法的纳税人，在定额期内，实际应纳税额超过定额20%时，应主动向税务机关申报调整定额。

(三) 关于延期申报的规定

延期申报是指纳税人、扣缴义务人不能按照税法规定的期限办理纳税申报或扣缴税款报告，经税务机关核准，在核准的延长期内办理纳税申报的一项税务管理制度。

纳税人、扣缴义务人按照规定的期限办理纳税申报或者代扣代缴、代收代缴税款报告表确有困难，如会计账务未处理完毕，不能计算应纳税额、需要延期的，应当在规定的期限内向税务机关提出书面申请，经税务机关核准，在核准的期限内办理。但应按上期实际缴纳的税额或税务机关核定的税额预缴税款，然后在税务机关批准的延期申报期限内办理纳税结算。

纳税人、扣缴义务人因不可抗力，如地震、泥石流、水灾、火灾、风灾等自然灾害的影响，不能按期办理纳税申报或者报送代扣代缴、代收代缴税款报告表的，可以延期办理申报。但应在不可抗力消除后立即向税务机关报告，经税务机关查实，予以核准。

对纳税人、扣缴义务人不按期办理纳税申报，又未提出延期申报书面申请报告的要按《税收征管法》有关规定给予处罚。

第四节 税款征收与缴纳

根据《中华人民共和国税收征收管理法》的规定，在税款征纳中税务机关和纳税人享有法定的权利和义务。

一、税款征纳中的权利与义务

（一）税务机关在税款征收中的权利与义务

1. 纳税人有下列情形之一的税务机关有权核定其应纳税额：一是依照法律、法规的规定，可以不设置账簿的；二是依照法律、法规的规定，应当设置账簿但未设置的；三是擅自销毁账簿或者拒不提供纳税资料的；四是虽设置账簿，但账目混乱或者成本资料、收入凭证、费用凭证残缺不全，难以查账的；五是发生纳税义务未按规定的期限办理纳税申报，经税务机关责令限期申报,逾期仍不申报的;六是纳税人申报的计税依据明显偏低,又无正当理由的。

2. 对未按规定办理税务登记的从事生产经营的纳税人以及临时从事经营的纳税人,由税务机关核定其应纳税额,责令缴纳;不缴纳的,税务机关可以扣押其价值相当于应纳税款的商品、货物。扣押后缴纳应纳税款的,税务机关必须立即解除扣押,并归还所扣押的商品、货物;扣押后仍不缴纳应纳税款的,经县上税务局(分局)局长批准,依法拍卖或者变卖所扣押的商品、货物,以拍卖或变卖所得抵缴税款。

3. 税务机关应当自收到纳税人申请延期缴纳税款报告之日起20日内作出批准或者不予批准的决定;不予批准的,从缴纳税款期限届满之日起加收滞纳金。

4. 因税务机关的责任,致使纳税人、扣缴义务人未缴或者少缴税款的,税务机关在三年内可以要求纳税人、扣缴义务人补缴税款,但不得加收滞纳金。

因纳税人、扣缴义务人计算错误等失误,未缴或者少缴税款的,税务机关在三年内可以追征税款、滞纳金;有特殊情况的—(累计数额在10万元以上),追征期可以延长到五年。

对偷税、抗税、骗税的,税务机关追征其未缴或者少缴的税款、滞纳金或者所骗取的税款,不受前述规定期限的限制。

5. 欠缴税款的纳税人因怠于行使到期债权,或者放弃到期债权,或者无偿转让财产,或者以明显不合理的低价转让财产而受让人知道该情形,对国家税收造成损害的,税务机关可以依照合同法第73条、74条的规定行使代位权、撤销权,同时不免除欠缴税款的纳税人尚未履行的纳税义务和应承担的法律责任。

6. 税务机关应当广泛宣传税收法律、行政法规,普及纳税知识,无偿地为纳税人提供纳税咨询服务。

7. 税务机关依照法律、行政法规的规定征收税款,不得违反法律、行政法规的规定开征、停征、多征、少征、提前征收、延缓征收或者摊派税款。税务机关征收税款时，必须给纳税人开具完税凭证。

（二）纳税人、扣缴义务人在税款缴纳中的权利与义务

1. 纳税人、扣缴义务人按照法律、行政法规规定或者税务机关依照法律、行政法规的规定确定的期限，缴纳或者解缴税款。

纳税人因有特殊困难，不能按期缴纳税款需要延期缴纳税款的，应当在缴纳税款期限届满前提出申请，并报送申请延期缴纳税款报告、当期货币资金余额情况及所有银行存款账户的对账单、资产负债表、应付职工工资和社会保险费等税务机关要求提供的支出预算，经省、自治区、直辖市国家税务局、地方税务局批准，或经计划单列市国家税务局、地方税务局批准，可以延期缴纳税款，但最长不得超过三个月。所谓特殊困难是指因不可抗力，导致纳税人发生较大损失，正常生产经营活动受到较大影响，不能按期纳税；或当期货币资金扣除应付职工工资、社会保险费后，不足以缴纳税款。

2. 扣缴义务人依照法律、行政法规的规定履行代扣代收税款的义务。对法律、行政法规没有规定负有代扣、代收税款义务的单位和个人，税务机关不得要求其履行代扣、代收税款义务。扣缴义务人依法履行扣缴义务时，纳税人不得拒绝。纳税人拒绝的，扣缴义务人应当及时报告税务机关处理。

3. 纳税人未按照规定期限缴纳税款的，扣缴义务人未按照规定期限解缴税款的，税务机关除责令限期缴纳外，从滞纳税款之日起，按日加收滞纳税款万分之五的滞纳金。

4. 纳税人可以依照法律、行政法规的规定，书面申请减税、免税。减税、免税的申请须经法律，行政法规规定的减税、免税审查批准机关审批。与此相违背的减税、免税决定无效。

5. 纳税人超过应纳税额缴纳的税款，税务机关发现后应当立即退还；纳税人自结算缴纳税款之日起三年内发现的，可以自税务机关要求退还多缴的税款并加算银行同期存款利息。

6. 纳税人有合并、分立情形的，应当向税务机关报告，并依法缴清税款。纳税人合并时未缴清税款的，应当由合并后的纳税人继续履行未履行的纳税义务；纳税人分立时未缴清税款的，分立后的纳税人对未履行的纳税义务应当承担连带责任。

7. 欠缴税款数额较大（5万元以上）的纳税人在处分其不动产或者大额资产之前，应当向税务机关报告。

二、税款征收方法

税款征收方法是税务机关对纳税人应纳的工商各税，从计算核定到征收入库所采取的具体征税办法。

《中华人民共和国税收征收管理法实施细则》（以下简称《实施细则》）规定：税务机关可以采取查账征收、查定征收、查验征收、定期定额征收以及其他方式征收税款。税务机关应根据纳税人的生产经营特点和方便纳税、便于管理的原则，对不同的纳税人分别确定行之有效的税款征收方法。我国现行常用的征收方法有：

（一）"三自"纳税

亦称"自报自核自缴"征收方法。纳税人根据税法规定自行计算应纳税额、自行填写税收缴款书、自行按期向国库经收处缴纳税款，税务机关进行定期或不定期核查的一种税款征收方法。一般适用于经营规模大、财务会计制度健全、严格遵守税收法制、有专人专责办税的大型企业。采用这种征收方法，税务机关要加强对纳税人的纳税辅导和检查监督，发现问题及时处理，对不再具备"三自"纳税条件或有偷税行为的，应取消"三自"纳税而采用其他的征收方法。

（二）查账征收

亦称"自报核缴""查账计征"。纳税人根据税法规定自行计算应纳税款并向税务机关申报重经税务机关审查核实后填写税收缴款书，纳税人持税收缴款书向国库经收处缴纳税款的一种征收方法。此法适用于财会制度健全，纳税意识强，遵守国家税收法制，配备办税人员，能按规定期限正确核算应纳税额的中小企业。现阶段我国对大多数纳税企业都采用这种征收方法。

（三）查定征收

税务机关根据税法和纳税人的生产经营状况按期查定课税对象产量，确定应纳税额,分期征收税款的一种征收方法。适用于生产经营变化较大、财会制度不够健全、账证不够完备的纳税户的税款征收,对产品零星、税源分散的小型厂、矿和作坊尤为适用。具体做法是:由税务机关根据纳税人的生产设备、从业人员等情况,核定一个实物量作为计税标准,据以计算纳税期内的应纳税额,分期征收税款,期末进行结算。如实际产量超过查定产量时,由纳税人报请补征;实际产量不及查定产量时,可由纳税人报请重新核定。查定征收的关键是核实产量,税务机关应根据纳税人的生产规模、技术水平、耗能耗料多少、进货数量和销路大小等实际情况加以稽查核实。并以产量为基础查定销售额。查定征收通常以一个月为期限,应纳税额可以采取由税务机关填写"税收缴款书",由纳税人向国库经收处缴纳,或由税务机关直接收取现金开具"税收完税证"的形式缴纳。

(四)查验征收

税务机关对应税产品的入库、出库、运输和销售进行现场检查验证;并按规定确定计税价格,据以征收税款的一种征收方法。此法适用于对零星分散、流动性大的税源的税款征收,分为就地查验征收和设立检查站查验征收两种。前者是主管税务机关对起运前的课税对象征税后发给纳税人完税证照,对未纳税的课税对象发给外销证明文件以便销后回本地缴纳税款或者对已达目的地的课税对象,由当地税务机关查验有关完税证照并据以确定是否征税,后者是税务机关在人员、货物交往较多的车站、码头、机场、口岸等交通要道设立专门机构,对所经过的课税对象查验其完税证照,以确定是否征税。对未征税的课税对象应补征税款。

(五)定期定额征收

亦称"双定"征收。税务机关根据纳税人自报、有关单位和人员评议情况,核定其一定时期应纳税款并分月征收的一种征收方法。此法适用于对生产经营规模较小、营业额和所得额难以准确计算、无记账能力的小型工商业户的税款征收。个体工商业户、部分小型企业常采用这种方法。具体作法是:在纳税人自报、民主评议的基础上,税务机关根据纳税人生产经营状况和上期负担情况,核定其一个季度、半年或一年的应税收入和应纳税额,由纳税人分月缴纳税款。在税额核定中要防止核定的税额和实际应纳税额偏差过大的现象。核定期内的应纳税额一般不作变动,但纳税人的生产经营情况发生较大变化,税务机关也可及时进行调整。采用这种方法,应纳税款一般以税务机关直接收取现金开出"税收完税证"的形式缴纳;在银行开设账户的纳税人,也可由税务机关填开税收缴款书,由纳税人自行向银行缴纳。

(六)代收代缴

税法规定的扣缴义务人在向纳税人收取款项的同时务依法收取纳税人的应纳税款并缴入国库经收处的一种征收方法。如《中华人民共和国消费税暂行条例》第四条中规定:委托加工的应税消费品,除委托方为个人外,由受托方在向委托方交货时代收代缴税款。采用这种方法是为了加强税收源泉控制,简化征收手续,防止税款流失。其适用条件主要是能够实行源泉控制的税款征收,一般在税法中予以明确规定,是扣缴义务人必须履行的义务。税务机关应加强对代收代缴的辅导、监督和管理。

(七)代扣代缴

税法规定的扣缴义务人在向纳税人支付款项时,依法从支付额中扣收纳税人应纳税款并缴入国库经收处的一种征收方法。如《中华人民共和国个人所得税法实施条例》第三十四条中规定:扣缴义务人在向个人支付应税款项时,应当依照税法规定代扣税款,按时缴库。采用这种方法的意义同"代收代缴"一样r也是加强源泉控制,简化征收手续,防止税款流失。此法一般在个人所得税的征收中采用。税务机关应加强对采用这种方法的操作辅导,严格监督并按时检查。

(八)委托代征

税务机关根据管理的需要委托某些单位或个人,对纳税人应纳税款代行征收的一种征收方法。《实施细则》规定:税务机关根据有利于税收控管和方便纳税的原则,可以按照国家有关规定委托有关单位代征少数零星分散和异地缴纳的税收,并发给委托代征证书。受托单位和人员按照代征证书的要求,以税务机关的名义依法征收税款,纳税人不得拒绝;纳税人拒绝的,受托代征单位及人员应当及时报告税务机关。采用这种方法是为了适用边远地区、税源分散、税款不多的地方的税款征收,以方便纳税人纳税和节省征收费用,减少和防止零星税款流失。税务机关应加强对代征单位和人员的管理,防止错征、漏征以及挪用税款与徇私舞弊等情况的发生。

(九) 海关代征

依照国家法律法规的规定,由海关代行税务机关执行部分税款征收职权的一种征收方法。如《中华人民共和国增值税暂行条例》第二十条中规定:进口货物的增值税由海关代征。又如《中华人民共和国消费税暂行条例》第十二条中规定:进口应税消费品的消费税由海关代征。

第五节 税务检查

一、税务检查的权限

税务检查是税务机关依据国家税收政策、法规和财务会计制度的规定,对纳税人或扣缴义务人履行纳税义务或扣缴税款义务的情况进行监督检查的一种管理活动。

根据《中华人民共和国税收征收管理法》第五十四条及相关规定,税务检查的权限主要包括:检查纳税人、扣缴义务人的凭证、账簿、报表及相关资料;检查纳税人、扣缴义务人的生产、经营场所;责成纳税人、扣缴义务人提供有关涉税资料;询问纳税人、扣缴义务人有关涉税情况;检查车站、码头等场所的过往应税货物;检查纳税人、扣缴义务人的银行存款账户;记录、录音、录像、照相和复制与案件有关的情况和资料;采取税收保全措施;实行税收强制执行措施;向有关单位和个人调查纳税人、扣缴义务人和其他当事人与纳税或者代扣代缴、代收代缴税款有关的情况,有关单位和个人有义务向税务机关如实提供有关资料及证明材料。

二、税务检查的形式

税务检查的形式没有固定模式,实践中主要有以下三种形式:

（一）纳税人自查

纳税人自查是指在税务机关组织指导下，纳税人按税法规定自行检查履行纳税义务情况的一种形式。一般做法是税务机关和有关主管部门对纳税人提出自查提纲，明确自查的要求、项目和有关政策规定，由纳税人按自查提纲自行检查执行税法、财务会计制度的情况，主动揭露问题，纠正错误，补交税款。

（二）税务机关专业检查

税务机关专业检查是指税务机关组织专门检查班子或由征管、检查人员直接进行的税务检查形式。这是税务检查的主要形式，一般可分为日常检查、专项检查和专案检查三种具体形式。

1. 日常检查

是指税务工作人员在日常征管工作中，对纳税人的生产经营情况、会计核算情况及纳税申报情况所进行的一种常规性检查。

2. 专项检查

是针对特定行业或某类特定的纳税人所进行的重点检查形式。专项检查是在日常检查工作的基础上，根据行业及纳税人的特殊情况，在自己的管辖区内有目的的选择部分行业或部分纳税人进行检查。

3. 专案检查

是根据举报或日常检查、专项检查中发现的重大问题所进行的个案检查形式。

（三）委托社会中介机构检查

社会中介机构是指依法成立的税务师事务所、会计师事务所、审计事务所等中介组织。税务机关委托中介机构协助部分税务专项检查和专案检查。由于中介机构专业技术水平较高，社会经济地位相对独立，检查质量好，委托其参与税务协查，能为税务机关的征收管理工作提高效益。

但是，中介机构的检查不能完全替代税务机关的执法行为，只能在国家税收法规允许的范围内，并在税务机关的监督、指导下完成相关业务。

三、税务检查的一般方法

（一）顺查法

顺查法是指查账工作程序依照会计核算的顺序，从检查原始凭证入手，进而以原始凭证为依据，核对并检查记账凭证，再根据记账凭证核对和检查明细账、总分类账，最后再根据明细账和总账检查会计报表的一种正向查账方法。由于顺查法多半为核对工作，故也称核对法。

顺查法的优点是比较细致全面，但缺点是工作量大，花费时间多。本方法主要适用于管理比较混乱、制度不很健全，问题比较多的企业。

（二）逆查法

逆查法是指查账工作程序逆会计核算的顺序，从检查会计报表开始，由报表到账簿，再由账簿到凭证的一种逆向检查方法。其特点是从报表开始，逐步追溯到会计凭证，考核会计报表中各项指标及其反映的经济内容的正确性、合法性。采用这种方法，对于原始凭证和记账凭证，通常不全面加以检查，只是对于某些账项和经济业务认为有进一步了解的必要时，才查看原始凭证与记录，以探明其真实情况。

税务查账往往采用逆查法，这与税收征管工作从审核报表入手的顺序相适应。逆查法的优点是重点突出，省时省力；缺点是如果对报表分析得不周全，抓不住主要问题，则难于寻找和查清存在的问题。

（三）详查法

详查法，亦称详细查法、精查法，是对被查企业在检查期内所有会计凭证、账簿和报表进行全面的详细检查的一种方法。详查法的优点是查核比较系统全面，可从多方面发现问题，能查深、查透、查全，其缺点是检查的内容多、范围广、工作量大，花费时间长，工作效率低。

详查法一般适用于账与账、账与表、账与物之间不符的科目或项目；产品单位成本、成本项目发生升降幅度悬殊情况；产值税金率、产值利润率等与生产的增减不相适应的情况，都可列为全查的对象。对问题重大的企业单位和个人也可采用详查法，采用详查法时既可选用顺查，又可选用逆查。

(四）抽查法

抽查法是对企业的账、表、凭证抽出一部分进行有目的重点检查，以验证、判断其有无错误和弊端的一种检查方法。抽查法省时省力，但是如果抽选的项目不准，也难以发现问题。本方法一般是在掌握了一定情况或线索以及企业经常出差错的问题时采用，实际工作中结合顺查法、逆查法采用。为了使抽查取得较好的效果，在采用抽查法时，必须正确地确定抽查对象、抽查时间和抽查比例。

抽查对象可以依据税务检查的目的确定；依据各个项目在检查内容中的地位确定；依据会计资料分析中出现的矛盾确定；依据发生问题的可能性的大小确定；依据核算特点确定；依据样本的代表性确定抽查的比例。

（五）联系查法

联系查法是根据复式记账原理，对会计凭证、账簿和报表有联系的地方，相互对照检查的一种方法。它有两种具体形式：一是根据账内联系检查；二是根据账外联系检查。

账内联系检查：账内联系检查是根据复式记账原理、会计科目的对应关系，以及账与账，账与表、账与证、账与实之间的相互制约关系进行的税务检查。其方式通常是相关因素之间的相互核对，核对的主要内容包括：经济业务会计科目之间的对应关系、核对账与表、账与账、账与证、账与物之间的对应关系。

账外联系检查：账外联系检查是指对企业内部的账务记录与企业外部有关单位的账务之间有联系的问题进行检查。由于企业生产经营情况较为复杂，有些问题仅从企业账内检查还不能得到落实，这时就必须通过账外联系检查，做到账内与账外相结合，才能查得准，查得细。

（六）侧面检查法

侧面检查法是根据平时掌握的侧面资料或根据有关人员反映的情况，对企业账簿记录进行审核的一种检查方法。侧面查法能够发现企业和有关人员弄虚作假、隐瞒真相、巧立名目、私分财物、偷税漏税的行为。这种方法要求检查人员掌握一定情况，要善于思考，机动灵活。这种方法运用得好，能够发现隐藏较深的问题，因而检查的质量较好。

（七）比较分析法

比较分析法是通过对企业的报表资料或账面资料同企业的历史资料、计划指标或同类型的企业的同一指标进行对比分析，从中发现问题的一种检查方法。即通过可比数字的比较来分析增减变化是否合理，从而判断会计资料是否正确，是否存在问题。主要包括绝对数比较法和相对数比较法两种形式。

绝对数比较法：绝对数比较法是直接以数量、单价和金额进行比较的分析方法。它通过对数字大小的比较来判断其是否合理、合法；也可以把近期的有关数字列出，以观察其发展变化趋势。

相对数比较法：相对数比较法是先计算有关数据的百分比或比率，然后进行比较分析的一种方法。通过相对数比较法，不仅可以进行现象之间的联系分析，而且还可以为一些不能直接对比的指标，找到共同的比较基础。运用比较分析法，通过相关值或项目的比较、观察其差异点，分析产生差异的原因及有无不规则的变化，确定可能存在的问题。

比较分析法是税务查账的一种辅助性的方法，它运用于其他各种查账方法之中，因为比较分析只能提供疑点，具体定案还须用其他查账方法加以落实。

（八）控制计算法

控制计算法是用有逻辑关系的核定数据资料与账面数据核对，检查账面数据是否正确的一种检查方法。控制计算法虽然具有一定的科学依据，但是查出的问题不能作为偷漏税的定案依据，如要定案还必须进行查证逐项落实。控制计算法的具体操作方法主要包括以存核销、以耗计产、以产定耗、以支计销等。

第九章 税收的法律责任与税收法律救济

第一节 税收法律责任

一、税收违法行为的认定

税收违法行为是指税收征纳活动的当事人的作为或不作为违反税收法律规范，主观上有过错，依照税法应承担一定的法律责任的行为。税收征纳活动的当事人包括税收征纳活动中的纳税人、扣缴义务人、税务机关、税务人员、税务代理人以及其他相关当事人等。

判断一个税收征纳活动的当事人是否实施了税收违法行为，应承担什么样的法律责任，应根据不同的当事人的行为及其后果来认定：

（一）纳税人、扣缴义务人税收违法行为的认定

1. 纳税人、扣缴义务人实施了不履行或不完全履行纳税义务或扣缴义务的行为；

2. 纳税人、扣缴义务人一般要有过错，即有因主观原因导致的失误；

3. 要以纳税人、扣缴义务人对国家税收权益或税收秩序造成损害为前提。

（二）税务机关、税务人员税收违法行为的认定

1. 税务机关、税务人员实施了税收征管渎职或税收贪污贿赂的行为；

2. 税务机关、税务人员一般要有过错，即有因主观原因导致的失误；

3. 要以税务机关、税务人员对国家权益、公共秩序或纳税人、扣缴义务人权益造成损害为前提。

(三) 税务代理人税收违法行为的认定

税务代理人包括税务代理机构及在其中工作的注册税务师。税务代理人的税收违法行为主要从以下几个方面来认定：

1. 税务代理机构、注册税务师实施了违反税收法律法规、税务代理法规的税收代理行为；

2. 税务代理机构、注册税务师一般要有过错，即因主观原因导致的失误；

3. 要以税务代理人对国家税收权益或税收秩序造成损害为前提。

(四) 其他相关当事人税收违法行为的认定

其他相关当事人包括除税务机关、税务人员、纳税人、扣缴义务人、税务代理人以外的其他与税收征管相关的政府机关、部门、金融机构及责任人等。其他相关当事人的税收违法行为的主要从以下几个方面来认定：

1. 其他相关当事人实施了违反法律、行政法规或拒绝配合税务机关依法行政的行为；

2. 其他相关当事人一般要有过错，即有因主观原因导致的失误；

3. 要以其他相关当事人对国家税收权益或税收秩序造成损害为前提。

二、税收法律责任的规定

我国的《刑法》《税收征管法》《税务代理试行办法》就税收法律责任做了相关规定。本处就其主要内容进行归纳介绍：

(一) 纳税人，扣缴义务人的法律责任

1. 纳税人有下列行为之一的，由税务机关责令限期改正，可以处2000元以下的罚款；情节严重的，处2000元以上10000元以下的罚款：一是未按照规定的期限申报办理税务登记、变更或者注销登记的；二是未按规定办理税务登记证件验证或者换证手续的；三是未按照规定设置、保管账簿或者保管记账凭证和有关资料的；四是未按照规定将财务、会计制度或者财务、会计处理办法和会计核算软件报送税务机关备查的；五是未按照规定将其全

部银行账号向税务机关报告的;六是未按照规定安装、使用税控装置,或者损毁或者擅自改动税控装置的。

2. 纳税人不办理纳税登记的,由税务机关责令限期改正;逾期不改正的,经税务机关提请,由工商行政管理机关吊销其营业执照。

3. 纳税人未按照规定使用税务登记证件或者转借、涂改、损毁、买卖、伪造税务登记证件的,处2000元以上10000元以下的罚款;情节严重的,处10000元以上50000元以下的罚款。

4. 扣缴义务人未按照规定设置、保管代扣代缴、代收代缴税款账簿或者保管代扣代缴、代收代缴税款记账凭证及有关资料的,由税务机关责令限期改正,可以处2000元以下的罚款;情节严重的,处2000元以上5000元以下的罚款。

5. 纳税人未按照规定的期限办理纳税申报和报送纳税资料的,或者扣缴义务人未按照规定的期限向税务机关报送代扣代缴、代收代缴税款报告表和有关资料的,由税务机关责令限期改正,可以处2000元以下的罚款;情节严重的,可以处2000元以上10000元以下的罚款。

6. 纳税人伪造、变造、隐匿、擅自销毁账簿、记账凭证,或者在账簿上多列支出或者不列、少列收入,或者经税务机关通知申报而拒不申报或者进行虚假的纳税申报,不缴或者少缴应纳税款的,是偷税一对纳税人偷税的,由税务机关追缴其不缴或者少缴的税款、滞纳金,并处不缴或者少缴的税款50%以上5倍以下的罚款;构成犯罪的,依法追究刑事责任。

扣缴义务人采取前款所列手段,不缴或者少缴已扣、已收税款,由税务机关追缴其不缴或者少缴的税款、滞纳金,并处不缴或者少缴的税款50%以上5倍以下的罚款;构成犯罪的,依法追究刑事责任。

7. 纳税人、扣缴义务人编造虚假计税依据的,由税务机关责令限期改正,并处50000元以下的罚款。

纳税人不进行纳税申报,不缴或者少缴应纳税款的,由税务机关追缴其不缴或者少缴的税款、滞纳金,并处不缴或者少缴的税款50%以上5倍以下的罚款。

8. 纳税人欠缴应纳税款，采取转移或者隐匿财产的手段，妨碍税务机关追缴欠缴的税款的，由税务机关追缴欠缴的税款、滞纳金，并处欠缴税款50%以上5倍以下的罚款；构成犯罪的，依法追究刑事责任。

9. 以假报出口或者其他欺骗手段，骗取国家出口退税款，由税务机关追缴其骗取的退税款，并处骗取税款1倍以上5倍以下的罚款；构成犯罪的，依法追究刑事责任。

对骗取国家出口退税款的，税务机关可以在规定期间内停止为其办理出口退税。

10. 以暴力、威胁方法拒不缴纳税款的，是抗税，除由税务机关追缴其拒缴的税款、滞纳金外，依法追究刑事责任。情节轻微，未构成犯罪的，由税务机关追缴其拒缴的税款、滞纳金，并处拒缴税款1倍以上5倍以下的罚款。

11. 扣缴义务人应扣未扣、应收而不收税款的，由税务机关向纳税人追缴税款，对扣缴义务人处应扣未扣、应收未收税款50%以上3倍以下的罚款。

12. 纳税人、扣缴义务人逃避、拒绝或者以其他方式阻挠税务机关检查的，由税务机关责令改正，可以处10000元以下的罚款；情节严重的，处10000元以上50000元以下的罚款。

13. 非法印制发票的，由税务机关销毁非法印制的发票，没收违法所得和作案工具，并处10000元以上50000元以下的罚款；构成犯罪的，依法追究刑事责任。

14. 从事生产、经营的纳税人、扣缴义务人有征管法规定的税收违法行为，拒不接受税务机关处理的，税务机关可以收缴其发票或者停止向其发售发票。

15. 非法印制、转借、倒卖、变造或者伪造完税凭证的，由税务机关责令改正，处2000元以上10000元以下的罚款；情节严重的，处10000元以上50000元以下的罚款；构成犯罪的，依法追究刑事责任。

16. 为纳税人、扣缴义务人非法提供银行账户、发票、证明或者其他方便，导致未缴、少缴税款或者骗取国家出口退税款的，税务机关除没收其违法所得外，可以处未缴、少缴或者骗取的税款1倍以下的罚款。

（二）税务机关及税务人员的法律责任

1. 税务人员徇私舞弊，对依法应当移交司法机关追究刑事责任的不移交，情节严重的，依法追究刑事责任。

2. 税务机关、税务人员查封、扣押纳税人个人及其所扶养家属维持生活必需的住房和用品的，责令退还，依法给予行政处分；构成犯罪的，依法追究刑事责任。

3. 税务人员与纳税人、扣缴义务人勾结，唆使或者协助纳税人、扣缴义务人偷税、妨碍税务机关追缴欠税、骗取出口退税，构成犯罪的，依法追究刑事责任；尚不构成犯罪的，依法给予行政处分。

4. 税务人员利用职务上的便利，收受或者索取纳税人、扣缴义务人财物或者谋取其他不正当利益，构成犯罪的，依法追究刑事责任；尚不构成犯罪的，依法给予行政处分。

5. 税务人员徇私舞弊或者玩忽职守，不征或者少征应征税款，致使国家税收遭受重大损失，构成犯罪的，依法追究刑事责任；尚不构成犯罪的，依法给予行政处分。

税务人员滥用职权，故意刁难纳税人、扣缴义务人的，调离税收工作岗位，并依法给予行政处分。

税务人员对控告、检举税收违法违纪行为的纳税人、扣缴义务人以及其他检举人进行打击报复的，依法给予行政处分；构成犯罪的，依法追究刑事责任。

6. 税务人员在征收税款或者查处税收违法案件时，未按照征管法规定进行回避的，对直接负责的主管人员和其他直接责任人员，依法给予行政处分。

7. 税务人员私分扣押、查封的商品、货物或者其他财产，情节严重，构成犯罪的，依法追究刑事责任；尚不构成犯罪的，依法给予行政处分。

8. 未按照征管法规定为纳税人、扣缴义务人、检举人保密的，对直接负责的主管人员和其他直接责任人员,由所在单位或者有关单位依法给予行政处分。

9. 违反法律、行政法规的规定提前征收、延缓征收或者摊派税款的,由其上级机关或者行政监察机关责令改正,对直接负责的主管人员和其他直接责任人依法给予行政处分。

10. 违反法律、行政法规的规定,擅自做出税收的开征、停征或者减税、免税、退税、补税以及其他同税收法律、行政法规相抵触的决定的,除撤销其擅自做出的决定外,补征应征未征税款,退还不应征收而征收的税款,并由上级机关追究直接负责的主管人员和其他直接责任人员的行政责任;构成犯罪的,依法追究刑事责任。

11. 税务机关违反规定擅自改变税收征收管理范围和税款入库预算级次的,责令限期改正,对直接负责的主管人员和其他直接责任人员依法给予降级或者撤职的行政处分。

(三) 税务代理人的法律责任

1. 注册税务师在执业期间买卖委托人股票、债券的、以个人名义承接业务或者收费的、泄露委托人商业秘密的、允许他人以本人名义执业的、利用执业之便,谋取不正当利益的、在一个会计年度内违反规定从事代理行为二次以上的,由省税务局予以警告或者处以1000元以上5000元以下的罚款,责令其限期改正,限期改正期间不得对外行使注册税务师签字权;逾期不改正或者情节严重的,应当向社会公告。

2. 税务代理机构违反税收代理法规的,由省税务局予以警告或者处1000元以上10000元以下的罚款,责令其限期改正;逾期不改正或者情节严重的,向社会公告。

3. 注册税务师和税务代理机构出具虚假涉税文书,但尚未造成委托人未缴或者少缴税款的,由省税务局予以警告并处1000元以上30000元以下的罚款,并向社会公告。

4. 注册税务师和税务代理机构违反税收法律、行政法规,造成委托人未缴或者少缴税款的,由省税务局对其处以纳税人未缴或者少缴税款50%

以上 3 倍以下的罚款。情节严重的，撤销执业备案或者收回执业证，并提请工商行政部门吊销税务师事务所的营业执照。

5. 注册税务师触犯刑律、构成犯罪的，由司法机关依法惩处。

（四）金融机构的法律责任

1. 银行和其他金融机构未依照税收征管法的规定在从事生产经营的纳税人的账户中登录税务登记证件号码，或者未按规定在税务登记证件中登录从事生产经营的纳税人的账户账号的，由税务机关责令其限期改正，处 2000 元以上 20000 元以下的罚款，情节严重的，处 20000 元以上 50000 元以下的罚款。

2. 纳税人、扣缴义务人的开户银行或者其他金融机构拒绝接受税务机关依法检查纳税人、扣缴义务人存款账户，或者拒绝执行税务机关做出的冻结存款或者扣缴税款的决定，或者在接到税务机关的书面通知后帮助纳税人、扣缴义务人转移存款，造成税款流失的，由税务机关处 100000 元以上 500000 元以下的罚款，对直接负责的主管人员和其他直接责任人员处 1000 元以上 10000 元以下的罚款。

第二节　税收法律救济

一、税务行政复议

税务行政复议是指当事人（纳税人、扣缴义务人、纳税担保人）不服税务机关及其工作人员作出的税务具体行政行为，依法向上一级税务机关（复议机关）提出申请，复议机关经审理对原税务机关具体行政行为依法做出维持、变更、撤销等决定的一种行政司法制度。

（一）税务行政复议的受案范围

税务行政复议的受案范围仅限于税务机关做出的税务具体行政行为。税务具体行政行为是指税务机关及其工作人员在税务行政管理活动中行使行政职权，针对特定的公民、法人或者其他组织，就特定的具体事项做出的有关该公民、法人或者其他组织权利义务的单方面行为。

当事人不服税务机关的征税行为，必须先经税务机关复议，对复议决定仍不服的，事后可以在收到复议决定书之日起15日内向法院起诉。未经复议的征税行为，法院不予以受理。

当事人不服征税以外的行政行为，可以在知道其行为之日起60日内申请复议或者直接向法院起诉；已经选择复议的，不得同时向法院起诉，但经复议仍不服的可以起诉。

（二）税务行政复议机构及参加人

1. 税务行政复议机构

县以上具有税务行政复议职能的税务机关是复议机关，复议机关应当设立税务行政复议机构并配备专职复议工作人员。税务行政复议机构包括税务行政复议委员会及其办公室。

2. 税务行政复议的参加人

税务行政复议的参加人是指依法参加税务行政复议的复议申请人、被申请人，第三人及复议代理人。与申请复议的具体行政行为有利害关系的人或者组织，经过复议机关批准，可以作为第三人参加复议。申请人在税务行政复议活动中可以委托代理人参加复议。

税务行政复议申请人包括纳税人、扣缴义务人、纳税担保人和其他税务争议当事人。税务行政复议被申请人是指做出税务具体行政行为的税务机关。作出具体行政行为的税务机关被撤销、合并的，继续行使其行政职权的税务机关是被申请人。

二、税务行政诉讼

税务行政诉讼是指纳税人和其他税务当事人认为税务机关工作人员的具体税务行政行为违法或者不当，侵犯了其合法权益，依法向人民法院提起行政诉讼，由人民法院对具体税务行政行为的合法性和适当性进行审理并做出裁决的司法活动。

(一) 税务行政诉讼的管辖

税务行政诉讼管辖，是指人民法院之间受理第一审税务案件的职权分工，分为级别管辖、地域管辖和裁定管辖。

级别管辖是上下级人民法院之间受理第一审税务案件的分工和权限。基层人民法院管辖一般的税务行政诉讼案件；中高级人民法院管辖本辖区内重大、复杂的税务行政诉讼案件；最高人民法院管辖全国范围内重大、复杂的税务行政诉讼案件。

地域管辖是同级人民法院之间受理第一审税务行政案件的分工和权限，分一般地域管辖和特殊地域管辖。一般地域管辖是指按照最初做出具体行政行为的机关所在地来确定管辖法院。特殊地域管辖是指根据特殊行政法律关系或特殊行政法律关系所指的对象来确定管辖法院。

裁定管辖是指人民法院依法自行裁定的管辖，包括移送管辖、指定管辖及管辖权的转移三种情况。移送管辖是指人民法院将已经受理的案件，移送给有管辖权的人民法院审理。指定管辖是指上级人民法院以裁定的方式，指定某下一级人民法院管辖某一案件。管辖权的转移是指上级人民法院有权审理下级人民法院管辖的第一审税务行政案件，也可以将自己管辖的第一审行政案件移交下级人民法院审判；下级人民法院对其管辖的第一审税务行政案件，认为需要由上级人民法院审判的，可以报请上级人民法院决定。

(二) 税务行政诉讼的受案范围

税务行政诉讼的受案范围，是指人民法院对税务机关的哪些行为拥有司法审查权，换言之，公民、法人或者其他组织对税务机关的哪些行为不服可以向人民法院提起税务行政诉讼。税务行政诉讼案件的受案范围除受《中华人民共和国行政诉讼法》有关规定的限制外，也受《中华人民共和国税收征收管理法》及其他相关法律、法规的调整和制约。具体说来，税务行政诉讼的受案范围与税务行政复议的受案范围基本一致。

1. 税务机关作出的征税行为：一是征收税款；二是加收滞纳金；三是审批减免税和出口退税；四是税务机关委托扣缴义务人作出的代扣代收税款行为。

2. 税务机关作出的行政许可、行政审批行为。

3. 税务机关作出的行政处罚行为：一是罚款；二是没收违法所得；三是停止出口退税权。

4. 税务机关作出的通知出境管理机关阻止出境行为。

5. 税务机关作出的税收保全措施：一是书面通知银行或者其他金融机构暂停支付存款；二是扣押、查封商品、货物或者其他财产。

6. 税务机关作出的税收强制执行措施：一是书面通知银行或者其他金融机构扣缴税款；二是拍卖所扣押、查封的商品、货物或者其他财产抵缴税款。

7. 认为符合法定条件申请税务机关颁发税务登记证和发售发票，税务机关拒绝颁发、发售或者不予以答复的行为。

8. 税务机关的复议行为：一是复议机关改变了原具体行政行为；二是期限届满，税务机关不予以答复。

三、税务行政赔偿

税务行政赔偿足指税务机关作为履行国家赔偿义务的机关。对本机关及其工作人员的职务违法行为给纳税人和其他税务当事人的合法权益造成的损害，代表国家给予赔偿。

（一）税务行政赔偿的范围

税务行政赔偿的范围是指税务机关对本机关及其工作人员在行使职权时给受害人造成的哪些损害予以赔偿。

我国的国家赔偿法将损害赔偿的范围限于对财产权和人身权中的生命健康权、人身自由权的损害，未将精神损害等列入赔偿范围。税务行政赔偿的范围包括：

1. 侵犯人身权的赔偿

（1）税务机关及其工作人员非法拘禁纳税人和其他税务当事人，或者以其他方式剥夺纳税人和其他税务当事人人身自由的；

（2）税务机关及其工作人员以殴打等暴力行为或者唆使他人以殴打等暴

力行为造成公民身体伤害或者死亡的；

（3）造成公民身体伤害或者死亡的税务机关及其工作人员的其他违法行为。

2. 侵犯财产权的赔偿

（1）税务机关及其工作人员违法征收税款及滞纳金的；

（2）税务机关及其工作人员对当事人违法实施罚款、没收非法所得等行政处罚的；

（3）税务机关及其工作人员违反国家规定向当事人征收财物、摊派费用的；

（4）税务机关及其工作人员造成当事人财产损害的其他违法行为。

3. 税务机关不承担赔偿责任的情形

一般情况下，有损害必有赔偿，但在法定情况下，虽有损害发生，国家也不予以赔偿。国家赔偿法规定了一些情形作为行政赔偿的例外，这些情形包括：

（1）行政机关工作人员行使与职权无关的行为。税务机关工作人员非职务行为对他人造成的损害，责任由其个人承担。区分职务行为与个人行为的标准是看行为人是否在行使职权，而不论其主观意图如何。

（2）因纳税人和其他税务当事人自己的行为致使损害发生。在损害不是由税务行政侵权行为引起，而是由纳税人和其他税务当事人自己的行为引起的情况下，税务机关不承担赔偿义务，但如果出现混合过错，即对损害的发生，受害人自己存在过错，税务机关及其工作人员也存在过错，应根据双方过错的大小各自承担责任，此时，税务机关应承担部分赔偿义务。

（3）法律规定的其他情形。

（二）税务行政赔偿请求人和赔偿义务机关

1. 税务行政赔偿请求人

税务行政赔偿请求人是指有权对税务机关及其工作人员的违法职务行为造成的损害提出赔偿要求的人。根据国家赔偿法的规定，税务行政赔偿请求人可分为以下几类：

(1) 受害的纳税人和其他税务当事人。作为税务机关及税务工作人员职务违法行为的直接受害者,他们有要求税务行政赔偿的当然权利。

(2) 受害公民的继承人,其他有扶养关系的亲属薛当受害公民死亡后,其权利由上述人继承。

(3) 承受原法人或其他组织的法人或其他组织。当受害法人或者其他组织终止后,其权利由其承受者继承。

2. 税务行政赔偿的请求时效

依据国家赔偿法规定,税务行政赔偿请求人请求赔偿的时效为2年,自税务机关及其工作人员行使职权时的行为被依法确认为违法之日起计算。如果税务行政赔偿请求人在赔偿请求时效的最后6个月内,因不可抗力或者其他障碍不能行使请求权的,时效中止。从中止时效的原因消除之日起,赔偿请求时效期间继续计算。

3. 税务行政赔偿的赔偿义务机关

(1) 一般情况下,哪个税务机关及其工作人员行使职权侵害公民法人和其他组织的合法权益,该税务机关就是履行赔偿义务的机关。如果两个以上税务机关或者其工作人员共同违法行使职权侵害纳税人和其他税务当事人合法权益的,则共同行使职权的税务机关均为赔偿义务机关。赔偿请求人有权对其中任何一个提出赔偿请求。

(2) 经过上级税务机关行政复议的,最初造成侵权的税务机关为赔偿义务机关,但上级税务机关的复议决定加重损害的,则上级税务机关对加重损害部分履行赔偿义务。

(3) 应当履行赔偿义务的税务机关被撤销的,继续行使其职权的税务机关是赔偿义务机关;没有继续行使其职权的,撤销该赔偿义务机关的行政机关为赔偿义务机关。

参考文献

[1] 王玮. 税收学原理：第4版 [M]. 北京：清华大学出版社，2020.
[2] 庞凤喜. 税收原理与中国税制：第5版 [M]. 北京：中国财政经济出版社，2017.
[3] 卜祥来. 经济发展中的税收政策 [M]. 北京：经济科学出版社，2000.
[4] 杨斌. 税收学原理 [M]. 北京：高等教育出版社，2008.
[5] 北野弘久. 税收学原论 [M]. 陈刚，杨建广，等，译. 北京：中国检察出版社，2001.
[6] 张守文. 税法原理 [M]. 北京：北京大学出版社，2018.
[7] 袁振宇，朱青，何乘才，等. 税收经济学 [M]. 北京：中国人民大学出版社，1995.
[8] 汤贡亮. 税收理论与政策 [M]. 北京：经济科学出版社，2012.
[9] 梁朋. 税收流失经济分析 [M]. 北京：中国人民大学出版社，2000.
[10] 郭庆旺，赵志耘. 公共经济学 [M]. 北京：高等教育出版社，2010.
[11] 岳树民. 优化税制结构研究 [M]. 北京：中国人民大学出版社，2007.
[12] 杨斌. 比较税收制度 [M]. 福州：福建人民出版社，1993.